夜間中学の在日外国人

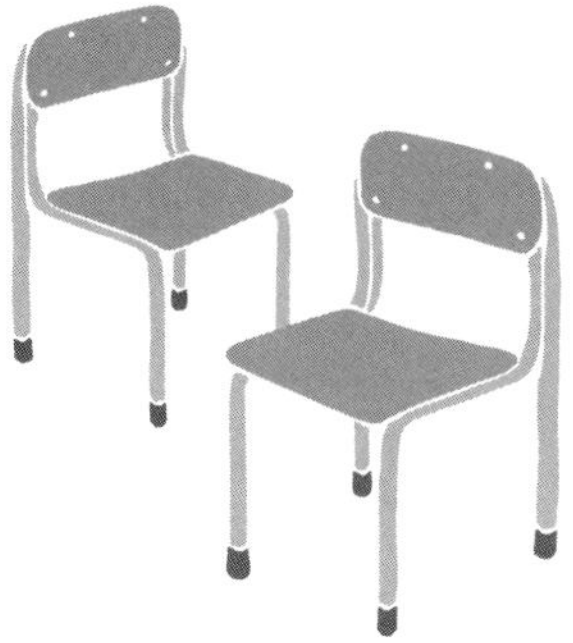

［写真・文］宗景 正
Munekage Tadashi

高文研

はじめに

兵庫県尼崎《あまがさき》市には公立の中学校、夜間中学がある。兵庫県尼崎市立城内《じょうない》（現・成良《せいりょう》）中学校琴城《きんじょう》分校である。

そこに通う朴敬順《パクキョンスン》さんは、はじめて平仮名を読めるようになった時の感激をこう作文に記した。

《「ゆ」というもじをならい、ふろやののれんにおおきく「ゆ」とかいてあるのがよめた。のれんをなんども、せんとうのときくぐってきた。でもわたしは「ゆ」とかいてあることをしらなかった。いまはいろんなもじがめにはいってきます。》

市役所や学校、駅や銀行などで字が読めるようになりたい、友達に年賀状を送りたい、孫に手紙を書きたい、こんな願いを持った人たちが毎日夜間中学へ通って来て勉強している。

この写真集は、その夜間中学に学ぶ人たちの約一〇年にわたる記録である。

末娘が中学三年生だった時、ＰＴＡの役員活動を通して理科の増田先生と親しくなった。間もなく先生は転勤され、久しぶりにお会いした時に、今は夜間中学の先生をしていること、そして、夜間中学の高齢の生徒さんたちの表情が実に素晴らしいのだという話を伺った。そもそも私は三〇年も尼崎に住んでいながら、街に夜間中学があることすら知らなかった。先生に誘われ、その城内（現・成良）中学校琴城分校に見学に出かけたのは阪神淡路大震災のあった一九九五年九月初めのことだった。校舎が震災で壊れてしまっていたため、授業は近くにある城内高校（夜間定時制）の教室を間借りして行なわれていた。事前に聞いていたにもかかわらず、生徒さんたちの多くが高齢であることにまずびっくりした。

一九九五年九月末、近畿地方の夜間中学の合同運動会に、初めてカメラを持って行った。当日はあいにくの雨で、運動会は体育館で行なわれた。むせかえるような熱気に圧倒されつつも、踊りやゲームに紛れ込んで撮影を開始した。一応、先生から紹介されていたとはいえ、生徒さんにとって私はどこの誰だかわからない「カメラを持った見学者」にすぎなかった。カメラを向けると下を向いてしまって、記念写真さえ撮らせてくれない人もいた。しかし昼食の時間には生徒の皆さんが声をかけてくださり、民族色豊かなお弁当をご馳走してくださった。今まで味わったことのない美味しい料理が並んでいた。この時から、生徒さんと私の交流が始まった。

何回か行事に参加するうちに「見学者」は親しみを込めて「写真屋さん」となり、写真を撮らせてもらえる生徒さんの数は次第に増えていった。撮影のたびに高齢の生徒さんたちの笑顔や真剣な眼差しに惹《ひ》きつけられ、文字の大切さと文字を知る意味の重さを教えられた。

宮島満子《みやじまみつこ》さんとの出会いは私にとって衝撃だった。

宮島さんは戦前に満州開拓団として家族とともに中国東安省に渡り、終戦の混乱で親兄弟を亡くし、家族をばらばらにされた中国残留孤児である。夜間中学の撮影を始めた年の文化祭で、宮島さんの体験発表を聞いた私はその過酷な人生に強い衝撃を受け、カメラのファインダーをのぞきながらいつの間にかシャッターを切ることができなくなっていた。

宮島満子さんとの出会いは私の目を生徒さんの人生に向かわせた。第二次大戦前から戦後、現在に至る日本のこと、世界、特にアジアの国々との関係をじかに突きつけられた。

上田《うえだ》輝光《てるみつ》さんのお父さんは台湾出身である。上田さんは作文の中で、

《僕の好きな言葉は「All human are brother and sister」です。この学校では僕も国際人です。国籍の違う人たちと勉強を楽しく学んでいます。》

と書いている。フィリピンやベトナムなどから来た友人といっしょに学んでいるから自分も「国際人です」という視点の鋭さに、アジアの一員であるという日本の基本的な立場を再認識させられた。

近年の入学者の中には、紛争地域から脱出した人や、日本での新しい生活を求めて近隣のアジアから来る人なども増え、新たな世界情勢を反映している。今、尼崎市立成良(城内)中学校琴城分校（注・二〇〇五年四月校名変更）は、これらの人々に日本語習得の場を提供している。第二次世界大戦前から戦中戦後にかけて、時代の犠牲になった人たちはすでに高齢である。何年後かにこの人たちが卒業をしてしまった時、本来の琴城分校の役割は終わるのだろうか。あるいは新たな時代の要求に応えて、存続するのだろうか。

もくじ

写真編集／橋本　紘二
装丁／商業デザインセンター・松田　礼一

夜間中学は法的には存在しない。しかし、実際に夜間中学は存在する。それはなぜか。なぜ夜間中学が必要なのか——。

義務教育年齢を過ぎている、あるいは中学校を卒業していない、これが夜間中学の入学資格である。本来の義務教育期間中に何らかの事由で教育を受けることができず今日に至っている人たちのための学校、それが夜間中学なのである。

夜間中学の日々

夜間中学琴城分校は、尼崎市立城内（現・成良）中学校の隣にある城内小学校の校舎を借りている。昼間の生徒たちが帰った夕方5時半ともなると、夜間中学の生徒たちが急ぎ足で登校してくる。

この学校には、高齢の在日韓国・朝鮮人１世の生徒が多い。

雨の日でも自転車で通学する趙庚順
(チョウキョンスン)さん。

教室は２階にある。

韓国・朝鮮の人たちは踊りが大好き。
授業の前に、民族の踊りが始まった。

授業参観日に金尹任（キムユンニム）さんの
娘が孫をつれて授業を見に来た。

休み時間に家族に連絡する
宋末子(ソンマルチァ)さん。

数年前から若い外国人たちも入学してくるようになった。韓琳琳(ハンリンリン)さんは中国残留婦人阿部スギさんの孫と結婚し、ハルビンから来た。

生徒にはいろんな国の人たちがいる。右から上海出身の虞行花(ユウシンファ)さん、在日台湾人2世の上田輝光さん、日本人の佐々木ノリコさん。

掃除の後に髪を直す祝迫孝子さん。

運動不足解消にと、休み時間にみんなで体操をする。

パンと牛乳の給食が出る。

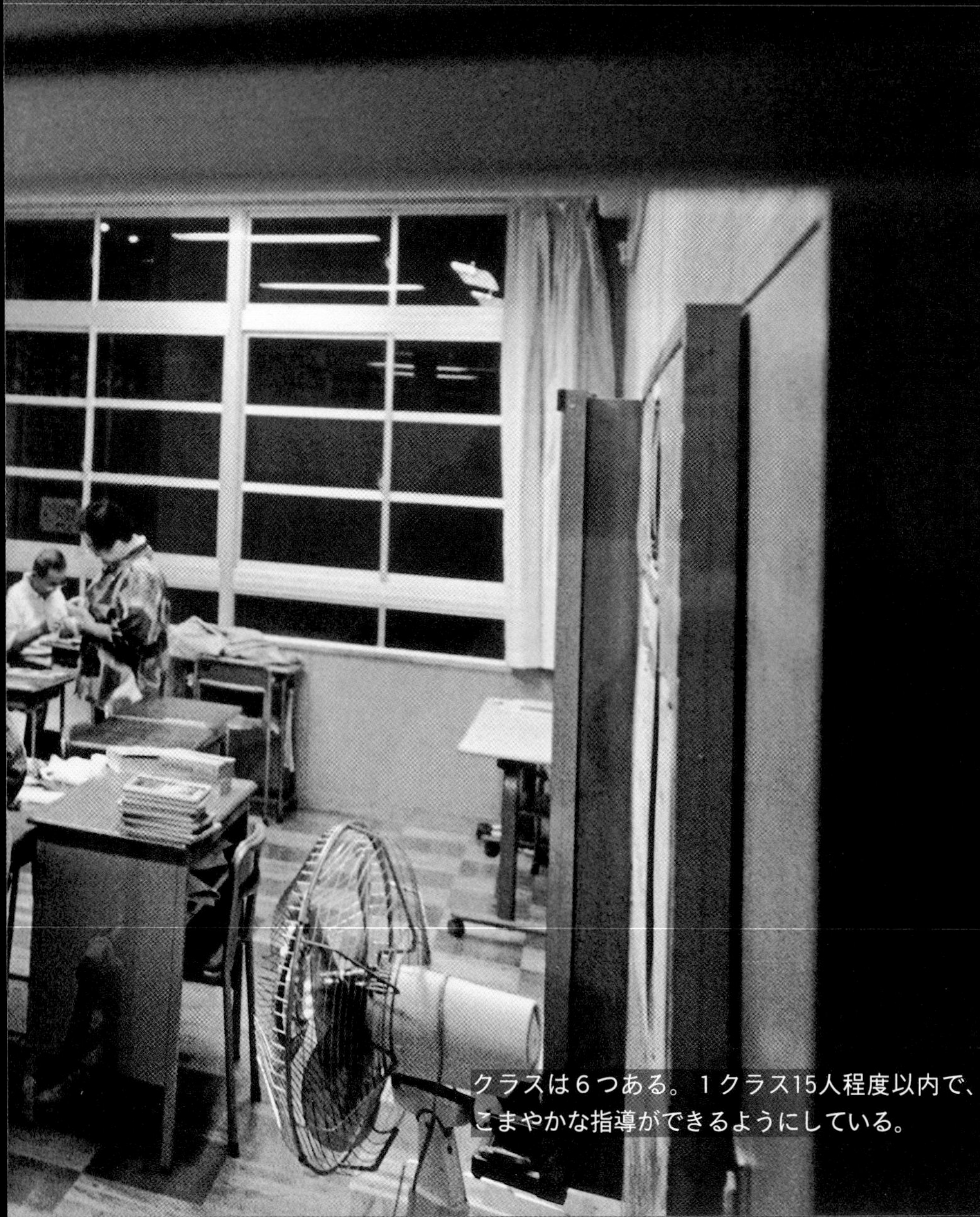

クラスは６つある。１クラス15人程度以内で、
こまやかな指導ができるようにしている。

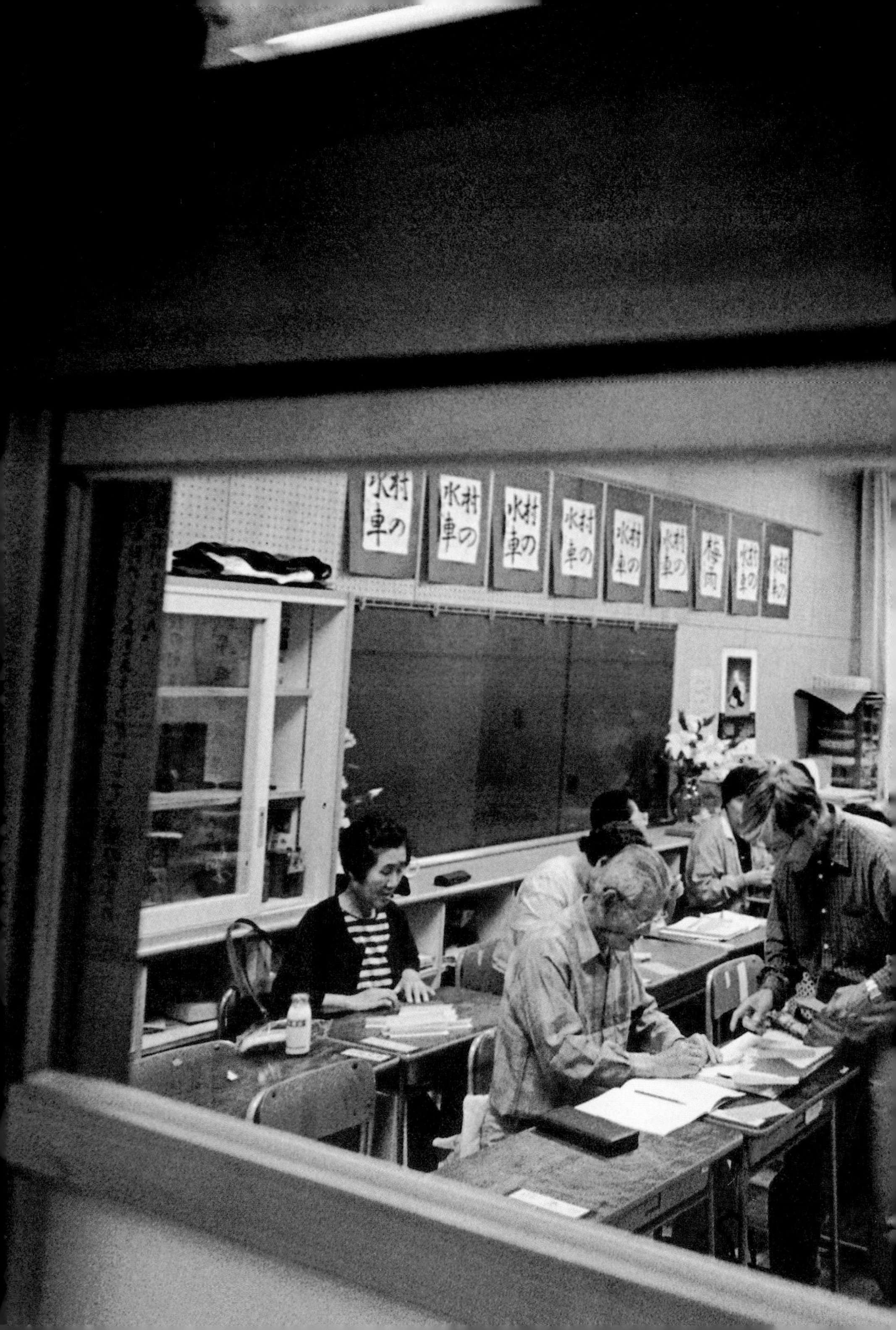
村の水車
村の水車
村の水車
村の水車
村の水車
村の水車
梅雨
村の水車

学校に行けず、子守りに行った先の在日朝鮮人の家庭で育った溝畑悦子さん。

日本語を熱心に勉強する在日朝鮮人
1世の李警(リキョン)さん。

妻といっしょに学ぶ在日朝鮮人
１世の李祥雨(イサンウ)さん。

1組で学ぶ在日朝鮮人1世の金胎粉（キムテプン）さん。

働きずくめの人生で、勉強する機会がなかった在日韓国・朝鮮人は多い。在日朝鮮人1世の金宝仁(キムポイン)さん。

中国残留婦人の阿部スギさん。
1994年にやっと帰国できた。

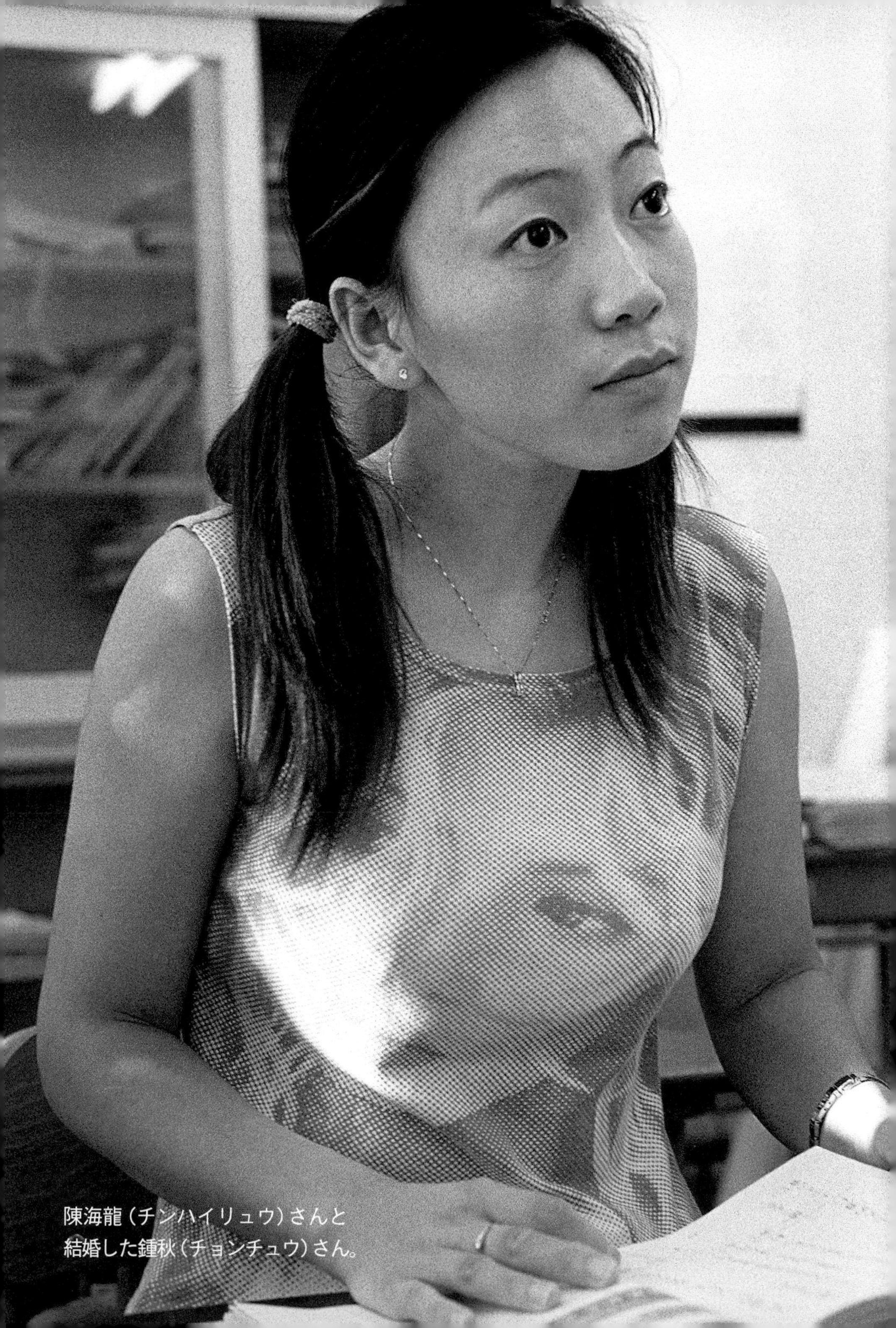

陳海龍（チンハイリュウ）さんと
結婚した鍾秋（チョンチュウ）さん。

在日朝鮮人２世の妻として来日した鄭春喜（チョンチュンヒ）さん。

日本人と結婚して、上海から来日
した虞行花（ユウシンファ）さん。

休まず通学し勉強する在日朝鮮人
2世の姜今順(カンクムスン)さん。

宋鳳華（ソンフォンファ）さんの祖母は中国残留孤児。1997年に家族で日本に来た。

山川紀美子さんは9歳の時に親といっしょにブラジルに移住し、22歳の時に帰国した。ブラジルで学校は卒業したが、日本の学校でも勉強したいと入学した。

迫害を逃れてアフガニスタンから来たアリ・
アハマドさん。日本政府に難民認定されず、
この撮影の１週間後に強制送還された。

陽気なフィリピン人姉妹。右は妹のアリアン・ヘルナンデスさん、左は姉のシェイン・ヘルナンデスさん。

在日朝鮮人１世の朴玉姫（パクオッヒ）さんは、先生の口の形を真似て、日本語の発音の練習をする。

算数の授業。指を使って計算の仕方を教わる。

隣同士で相談する在日朝鮮人１世の金宝仁（キムポイン）さん（右）と、日本人の溝畑悦子さん（左）。

音楽の授業。今歌っている歌詞のところを先生が指で示す。

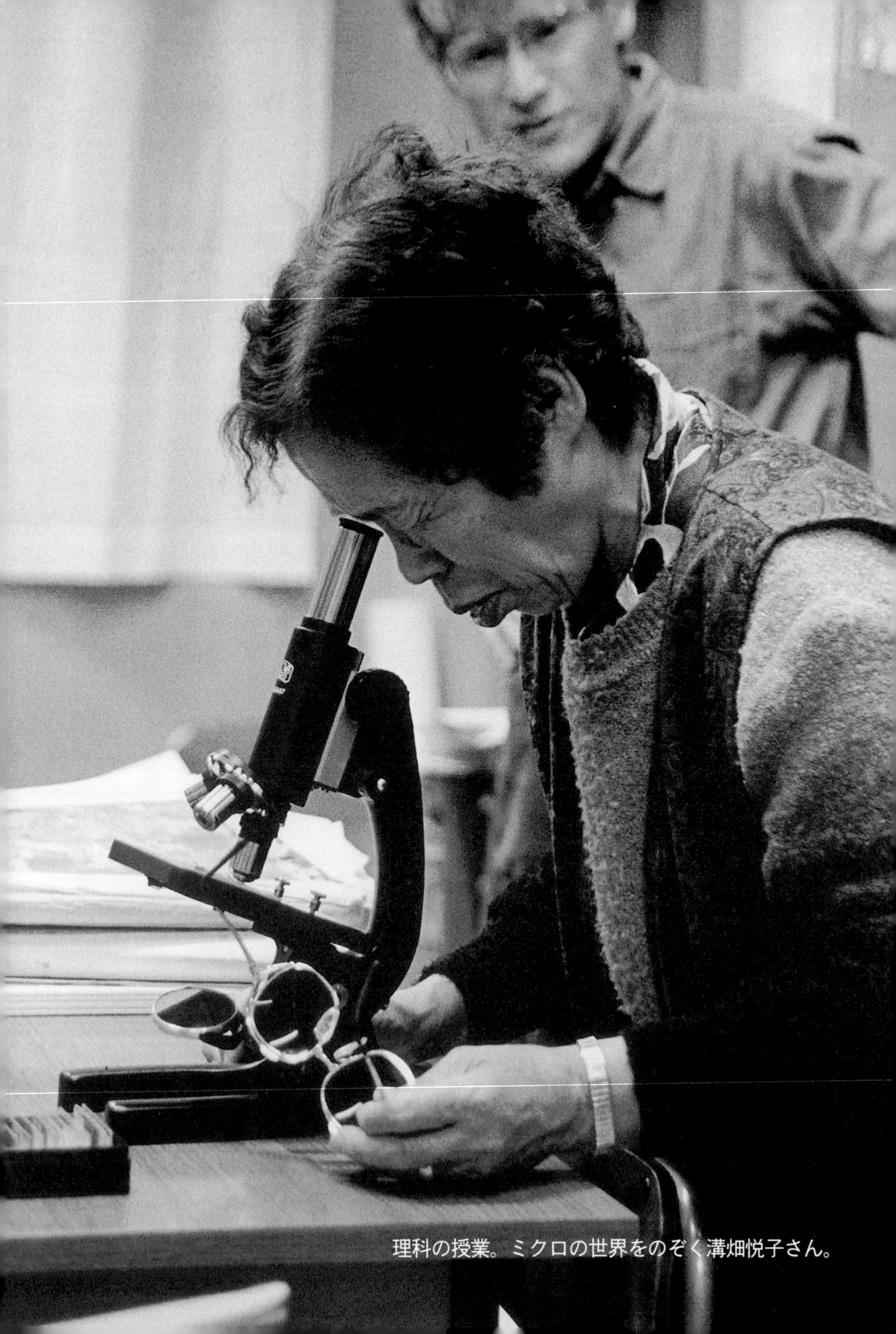

理科の授業。ミクロの世界をのぞく溝畑悦子さん。

新入生の宋（ソン）さんに、在日朝鮮人２世の金尹任（キムユンニム）さんが世話を焼く。宋さんは宋鳳華（ソンフォンファ）さんのお兄さん。

強豪いきなり激突

美しい字を書きたいという気持ちはみんな強い。
週に２時間習字の時間が設けてある。

歌

休み時間、教室に残って自習する中国人の
唐春林(タンチュンリン)さん。

日没が遅い夏の体育の時間は、
校庭でグランドゴルフをする。

室内での体育は、高齢の生徒でもできる
剣玉、輪投げ、ボール遊びなどになる。

歩んできた人生

朴《パク》 石岩《ソクアム》さん

一九一九年、韓国・慶尚北道生まれ。
(両親は朝鮮半島出身)

一七歳の時、朝鮮で結婚したが、一八歳の時、コレラに罹《かか》って生死の境をさまよった。

二一歳で美保飛行場(現・米子空港)建設に徴用《ちょうよう》され、夫と夫の父との三人で日本に来た。現場は監視がきびしく、散髪する時間さえも決められていた。手当が安かったので逃げ出す人が多く、捕まると棒で殴られた。組の親分が現場の住宅に住む全員を夜中でも呼び出し、逃亡を防ぐために見せしめとして目の前で暴行した。戦後、アメリカ軍が駐留してからは暴力はなくなった。

その後、人を頼って尼崎に移り住んだ。大手鉄鋼メーカーの孫受けの会社で、男の人といっしょにコンベヤーに乗って、熔鉱炉から出てくる鉄粕《てつかす》を取り除く仕事などをした。

夜間中学の近くに住んでいたのに、長らく夜間中学のことは知らなかった。七二歳の時、夜間中学に通っていたパクウンニさんに聞いて、一人で学校を訪ねた。

みんなで作った出身
地図の前で（文化祭）。

李《リ》 福《ポク》善《ソン》さん

一九二八年、韓国・釜山生まれ。
(両親は朝鮮半島出身)

二歳の頃、母親に背負われ、兄と三人で神戸市の山中で飯場《はんば》の工事をしていた父のもとに来た。小学校一年の時に尼崎の小学校に通ったが、朝鮮人だということでいじめられた。耐えられなかったので学校には行かず、母親を手伝って兄弟九人の世話をした。戦争で空襲が始まると、鳥取に疎開し、空家を見つけて住んだ。さらに住むところを探して島根県まで出かけたが、朝鮮人という理由だけで暑い盛りに川にも入らせてもらえず、鳥取の元いたところに帰った。

戦後、尼崎の人と結婚し、子供を四人産んだ。一九六二年、四番目の子が生まれてまもなく、夫が癌《がん》で亡くなった。今の自動車解体業は夫が始めたものだが、字が書けないため、長女が中学生になると、請求書を書いてもらった。

友人に誘われ夜間中学に通うようになった。やはり字が習いたかった。二年間家庭の事情で休んだが、学校を忘れることはなかった。

朝鮮人としのほこりとたましいを持って
朝鮮人の売る米は買わぬ
と言て戸をしめられた
鄭順姫
今でも朝鮮人の私たちのことを
「朝」と呼んで見下す人もいる
李福善
中山道
妻籠宿
文化祭を見学に来た孫と。

朴《パク》 敬順《キョンスン》さん

一九二四年、韓国・泗川生まれ。
（両親は朝鮮半島出身）

実家が小作農だったために五歳の時から家の手伝いをした。家では米や麦、粟《あわ》、蕎麦《そば》を作っていたが、米はすべて供出させられ、せっかく作っても、家では食べることができなかった。

徴用《ちょうよう》を逃れるために、一五歳で日本に嫁に出された。兄弟が多かったので、韓国で学校に行くことができなかったし、日本に来てからも日本語を覚えるのが大変だった。買い物をするにも一苦労だった。醤油は身振りで、味噌はしゃもじに少し付けて行ってそれを見せ、卵は鶏が卵を産む真似をして、やっと売ってもらったこともあった。

夫は朝鮮総連の役員をしていたし、日本に行けば大学で学べると思っていたのに、結局のところ実現できずとても悔しかった。

四人の子供のうち三人は、夫の勧めもあって北朝鮮に行ったが、子供を北朝鮮に行かせたのは今となっては悔やまれる。

夫は六八歳で亡くなった。

自宅の庭で。

裵《ペ》 妙華《ミョファ》さん

一九二七年、韓国・釜山生まれ。
（両親は朝鮮半島出身）

戦争中、植民地にされた朝鮮では、結婚していない女性は挺身隊《ていしんたい》などに動員された。一九四二年、日本に来ていた朝鮮人と見合いもせずに結婚し、日本全国を米の行商をして回った。新潟で買い東京で売る、あるいは、富山で買って大阪で売ることが多かった。

戦後、再婚して、尼崎で「よせや」（くず鉄商）を始めた。近隣に工場が多く、かなり儲《もう》かった。炊事場の隅に穴を掘り、瓶《びん》を埋めてその中にお金を貯《た》めた。やがてその瓶が満杯になって夫に相談して初めて、銀行にお金を預けることを知った。

一九六三年頃に焼肉屋を始めた。その頃夫は亡くなった。娘は小学生の時から掃除や仕入れを手伝ってくれた。

二組の朴敬順《パクキョンスン》さんに夜間中学に誘われて来てみたが、勉強がおもしろく、これまで続けてきた。運動会や遠足など楽しみも多い。

今は息子夫婦と同居して幸せに暮らしている。

自宅の門の前で。

金《キム》 基《キ》淳《スン》さん

一九二四年、韓国・忠清北道生まれ。
(両親は朝鮮半島出身)

朝鮮の小学校で学んだ。当時、朝鮮は日本の植民地だったため、学校は日本語教育が徹底され、校内では朝鮮語の使用が禁止されていた。

一九四二年に日本に来て、大手電機メーカーの養成工として働いた。当時、朝鮮人、台湾人がそれぞれ五〇〇人くらいいた。一年間働いた後、静岡、千葉と移り住み、山形で終戦を迎え、その後、新潟に移った。

一九四六年に結婚した。この間いろいろな仕事をした。一九五三年に尼崎に移り、水道工事の仕事を始めた。四人の子供を育てながら、七〇歳まで働いた。設立した設備会社は息子が継《つ》いだ。

退職してから、勉強しようと思った。新聞を読んでいてもわからない字が多いし、漢字にはいろいろな読み方があるので、どうしても習いたかった。尼崎市教育委員会を訪ね、二〇〇三年四月に琴城分校に入学した。二〇〇四年は体調が悪く入退院を繰り返し、登校した日は少なかった。

自宅兼事務所の前で。

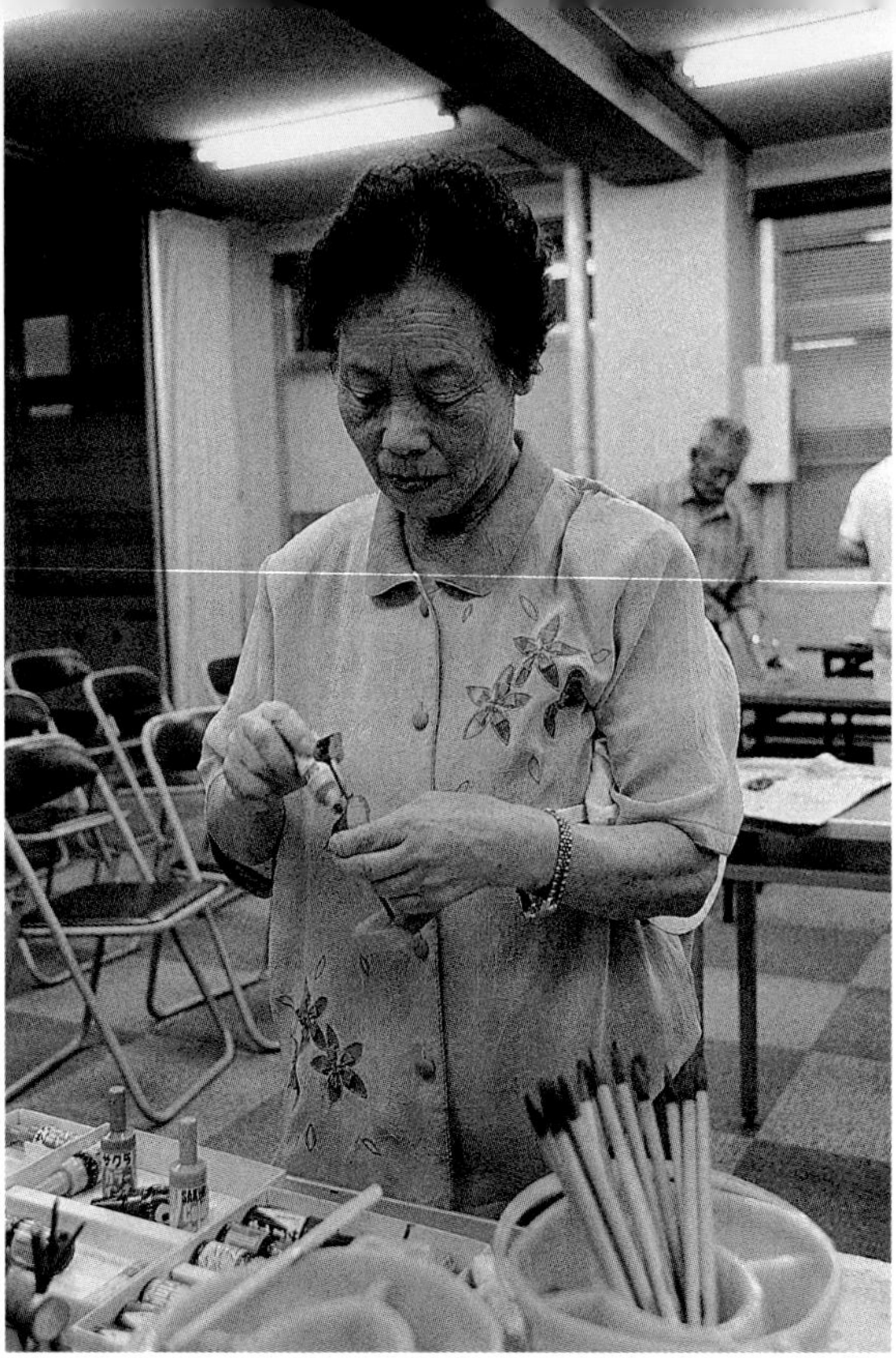

趙《チョウ》 庚順《キョンスン》さん

一九二五年、韓国・慶尚北道生まれ。
（両親は朝鮮半島出身）

八人兄弟の二番目だった。一〇歳くらいの時、先に日本に働きに来ていた父が家族を日本に呼んだ。山形県に一カ月いた後、島根県の山中で炭焼きをして暮らしたが、食べるものがほとんどなくて、道端の草も食べた。そういう暮らしがたたって、一九四六年に父が栄養失調で亡くなった。

一九四七年に一八歳で結婚して広島に出た。夫は末っ子で除隊したばかりで、生活は大変だった。母からもらった米を飴《あめ》にしたら売れたので、飴作りを続けた。子供が生まれてから、大阪に移った。尼崎には一九五七年頃から住んでいる。

夜間中学の勉強は楽しいが、なかなか頭に入らず、先生を困らせている。字を見ないで書こうとすると、知っている字もわからなくなってしまう。隣りの人のをのぞいても思い出せない。思わず二人で顔を見合わせ笑い出してしまう。教室で毎日顔を合わせていると、家族のような感じがする。

授業以外のいろいろな学校行事も楽しんでいる。

自宅の玄関前で。

河《ハ》 良子《ヤンジャ》さん

一九四二年、神戸市生まれ、在日二世。
(両親は朝鮮半島出身)

六人兄弟。両親と兄弟は一九五九年の帰国運動の時、地上の楽園と信じて北朝鮮に渡った。父は北朝鮮に渡って一年くらいで亡くなったが、母は娘が北朝鮮に来るまではと、七〇歳まで頑張った。兄弟のうち三人はすでに他界している。

幼い頃、父は飯場《はんば》の仕事でほとんど家にいないという暮らしをしていた。一時的に朝鮮学校に通ったものの、その後、普通の学校に行く機会はなかった。短期間でも朝鮮学校に行ったおかげで平仮名と片仮名は読めるようになってはいたが、勉学を続けたくても、それを親に切り出すことはできなかった。一九五八年に結婚してからも勉強への思いは消えなかった。

三〇年ほど前から漢字が習いたくて夜間中学を探していた。一九九二年に、職場の人から夜間中学が尼崎市にあることを聞いた。阪神淡路大震災前年の一九九四年から通い始め、最近はテレビ番組の漢字も読めるようになった。

仕事場での河さん。

金《キム》　玉《オク》仙《ソン》さん

一九三七年、神戸市生まれ、在日二世。
（両親は朝鮮半島出身）

九人兄弟の四番目。両親は日雇いの土方などをしていた。五歳の頃、相生に引っ越した。結婚するまでの一五年間、弟妹の面倒を見て家事に追われて過ごし、学校には行きたくても行けなかった。弟をおんぶして近くの小学校に遊びに行くと、帰れ帰れと口々に言われた。漫画本で一人で字を覚えようと試みたこともあったが、あまり覚えられなかった。

二〇歳で結婚し、三人の子供を育てた。母子手帳をもらう時に字が読めなくて困ったし、子供に学校の勉強を聞かれる時が一番辛かった。そんな時、いつも夫が支えてくれた。夫婦で塗装業をして働いていたが、夫は五一歳で亡くなった。

子供も成長して家の仕事をいっしょにやるようになって生活が安定してくると、学校へ行きたいと思うようになった。娘が市役所へ電話してくれ、琴城分校を知った。もっと早く学校に来ていたらよかったのにと思う。

近所に住む娘さんの家の前で、愛犬と一緒に。

梅《うめ》原《はら》良《よし》子《こ》さん

一九三五年、福井県生まれ、在日二世。
(両親は朝鮮半島出身)

一二人兄弟の六番目。母一人が働き手で、機織《はたお》りの仕事をしていた。体が弱かったのと栄養失調のため、八歳まで歩くことができず、学校にも行けなかった。五年生の時にいきなり学校に入ったが、平仮名も読めなくて、通うのが嫌になった。

一八歳で結婚し、尼崎に住むようになった。二人の子供を育てながら、三二歳から六二歳まで、金属メーカーの下請けの会社でグラインダーをかける仕事をした。退職後、息子のお嫁さんが経営する食料品店を手伝っていたが、今は毎日掃除の仕事をしている。

夜間中学に入学した翌年、自動車学校に通った。運転は楽しくて順調に進んだが、仮免許試験で漢字が読めず困った。悔しい思いを猛勉強で乗り越え、一〇カ月かかって卒業、免許を取得した。

夜間中学にはすでに五年通っている。漢字を書くのは嫌いだし、作文はまだ苦手だ。それでも勉強は楽しい。

息子のお嫁さんが経営する店を
手伝う梅原さん。

上《うえ》田《だ》輝《てる》光《みつ》さん

一九四七年、大阪生まれ。
（父は台湾・淡水の出身。
母は大阪出身）

中国の共産主義社会に憧れた父に連れられ、五歳の時に家族で中国に移住した。六歳の時、中国の小学校に入学した。やがて家族は中国での生活に失望し、すぐには帰国が認められない父を残して小学校四年生の年に日本に帰った。

日本の学校では最初二年生のクラスに入った。四月になるといきなり四年生のクラスに入れられた。父が日本でラーメン屋を開業したので、その手伝いのために忙しくて学校にはあまり行けなかった。小学校は何とか卒業したが、中学には行かず、父の店で働いた。

中学を卒業していなかったため、調理師の免許を取るのが大変だった。父の後を継ぎ、今も夫婦でラーメン屋を営んでいる。

夜間中学には週一回定休日だけ通い、二〇〇五年三月に卒業した。

自分の店で奥さんと。

新納《にいの》カメ子さん

一九三三年、インドネシア・ジャワ島生まれ。（両親は沖縄県出身）

叔母がジャワでやっていた洋服屋を、ペルーに行っていた父と母がいっしょに継《つ》いだ。ジャワでは小学校（注・当時ジャワでは学校はオランダ語使用）に行った。

一九四一年、小学校二年生の時に両親の故郷の沖縄に帰ったが、日本語がわからず、次第に学校が嫌になってやめてしまった。沖縄では激しい空襲も体験した。

戦後は一八歳から一〇年間、アメリカ軍人宅で住み込みのメイドをした。その後レストランで働き、一九六一年に結婚してから尼崎に住んでいる。これまで掃除の仕事を中心にやってきて、今は夏にプールの更衣室の荷物預かりの仕事だけやっている。

友達に誘われて夜間中学に入った。当初は仕事のためにあまり出席できなかったが、退職後はきっちり通った。

卒業後は新たに水泳と踊りに意欲を燃やしている。

夏の仕事場は市民プールの荷物預かり。

金城《かねしろ》トミさん

一九二〇年、沖縄・宮古島生まれ。
（両親は沖縄県出身）

一七歳の時、大阪へ帰る叔母といっしょに停泊中の浮島丸《うきしま》を見て回っている間に連絡船が出航してしまって島に戻れなくなり、そのまま大阪に行く羽目《はめ》になった。大阪で住み込みの女中をしたが、言葉がわからず苦労した。

空襲警報が頻繁《ひんぱん》になり、宮古島に戻ろうと尼崎まで来た時叔父に出会い、今帰っても沖縄は危険だと説得されて叔父の家の近くの工場で働くことになった。その後、親戚の紹介で結婚した。

一九四六年、家族で宮古島に向かった。宮崎から鹿児島、ここで二週間の足止め、いったん名古屋へ出航し、宮古島までさらに一カ月を要した。島に食料はなく、復員兵が持ち帰ったマラリアが蔓延《まんえん》し、三歳の子供は感染して亡くなった。

戦後三人の子供を育てた。七三歳の時、夫が亡くなった。葬儀や書類提出に際し、字が書けないために本当に困った。尼崎の市報に小さく出ていた入学案内で夜間中学を知った。

文化祭の前日、みんなに三線（さんしん）を聴かせてくれた。

中川千佐子《なかがわちさこ》さん

一九四〇年、徳島県生まれ。
(両親は徳島県出身)

四歳の時に父の仕事で大阪に移った。小学校三年の頃、栄養失調で半年ほど学校を休んでから勉強についていけなくなり、学校の先生ともうまくいかず、学校に行かなくなってしまった。それなら働けと親に言われて、従兄弟と闇《やみ》の行商をした。一八歳の時、芦屋の屋敷に奉公に出た。

若い頃は映画のポスターや歌の本で字を覚えようとしたが、なかなか思うようにいかなかった。後に、子供に漢字を訊《き》かれて答えられなかったり、いろんな書類が書けなかったりして、学校に行かなかったことをひどく後悔した。

友人の梅原さんに誘われて、卸売市場で働きながら、夜間中学に通っている。学校では、日本語の勉強だけでなく、普通の生活にはないことをたくさん体験している。近畿夜間中学連合生徒会の役員もやっている。自分の体験を、学ぶ機会のなかった多くの人に伝えたい、そのためにも役員の活動は大切だと思っている。

卸売市場で働いている中川さん。

溝《みぞ》畑《はた》悦《えつ》子《こ》さん

一九三四年、福井県敦賀生まれ。
(両親は福井県出身)

七人兄弟の三番目。七歳の時、両親といっしょに大阪に出て、国民学校に入学した。父はマッサージの仕事をしていた。いろいろなことに関心を持ち多趣味だったが、病弱だった。母は目が悪かったので、妹にミルクを飲ませたり、お風呂に連れて行ったりしなければならなかった。

一九四五年、病気がちだった父が亡くなった。家族はバラバラになり、子守に行った先の在日朝鮮人の家で育てられた。一七歳で結婚したが、一九歳の時夫は亡くなった。その後再婚し、定年まで生協で働いた。

学校に行っていなかったので、読み書きができないままになった。生協の仕事そのものは漢字を知らなくてもそれほど困らなかったが、それでも、字を習いたいとずっと思っていた。知り合いが神戸の夜間中学に通っているという話を聞き、さらに、尼崎にも夜間中学があることを知り、この学校に通うことにした。

自宅の台所で。

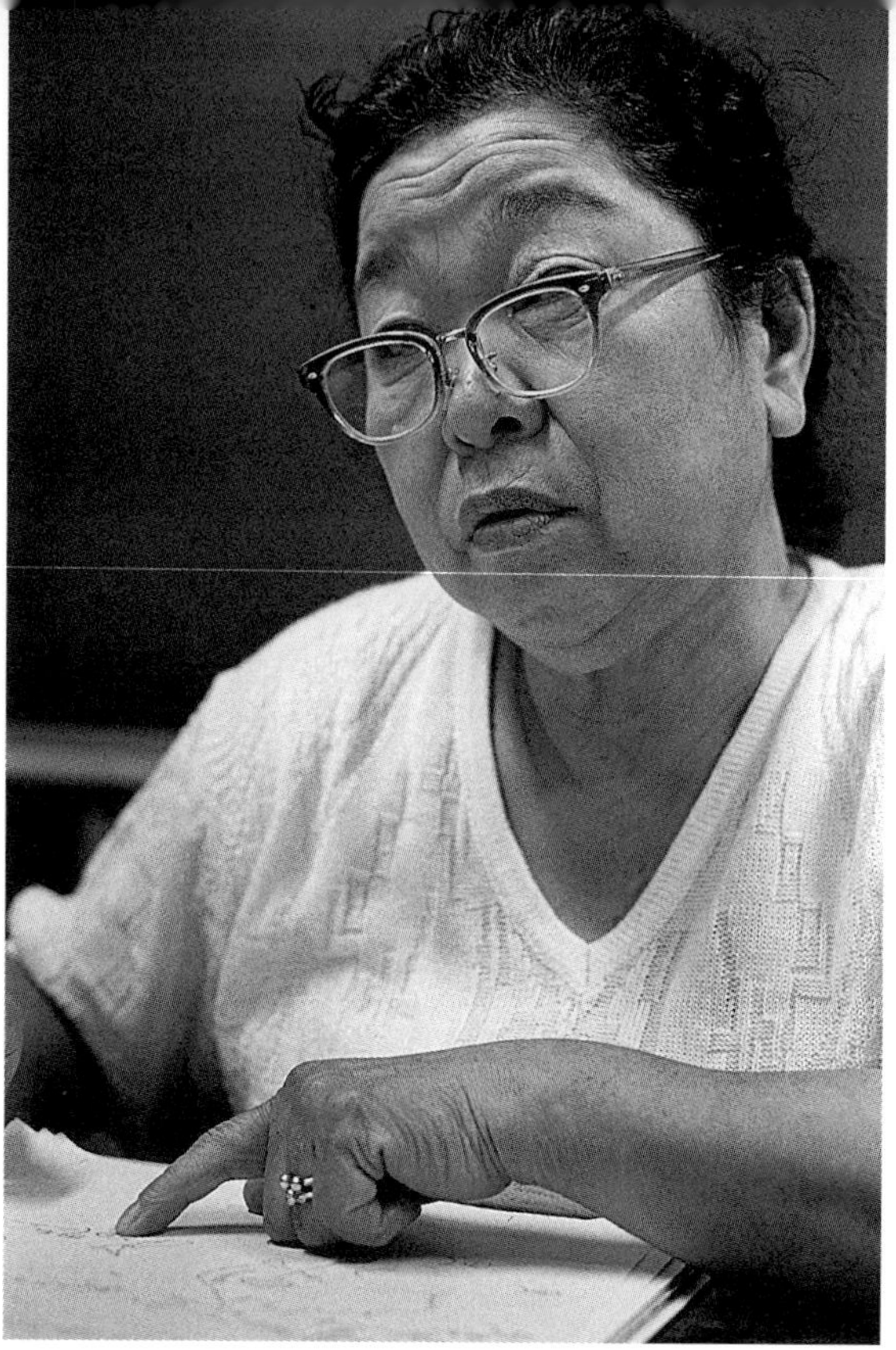

安《あ》部《べ》和《かず》子《こ》さん

一九三七年、神戸市生まれ。
（両親は兵庫県出身）

神戸の長田神社の近くで育った。近くに三菱重工神戸造船所があり、空襲の恐れがあるので近づいてはいけないと言われていた。小学校は入学式こそ行ったが、空襲警報で帰宅する日が続いた。

父は漁師だったが、空襲警報が頻繁《ひんぱん》で漁に出られず、心を病んでしまった。空襲で焼け出されて母親の里のある大阪に行き、さらに尼崎に引っ越した。父は一九四七年に亡くなった。

一三歳から住み込みで子守を始め、二六歳で結婚するまで靴下の繕《つくろ》いや子守の仕事をした。

子供がそれぞれ自立してゆとりができた頃、尼崎の市報で夜間中学の案内を見つけた。小学校を卒業していなければ中学には行けないと思っていたため、問い合わせをするまでに、二、三年かかってしまった。学校の机に座るのが夢だったので、六三歳で入学した時は本当に嬉しかった。中学に入るまでは字が読めなかったが、今は学校で漢字や算数を教えてもらえるのがとても嬉しい。

自宅の玄関で。

祝《いわい》迫《さこ》孝《たか》子《こ》さん

一九三八年、尼崎市生まれ。
（父は戦死。母は兵庫県出身）

物心ついた時には、父は兵隊にとられていなかった。後に戦死したことがわかった。

小学校に入学してすぐに集団疎開で兵庫県滝野町に行き、寺に寝泊りして親が月に一度会いにくるという生活を送った。

戦争が終わって尼崎に帰ってみると、家は焼けていた。しかも、小学校の校区が変わったため、学校から何の連絡もないまま、ついに学校に行かずじまいになった。

その頃、母がやっていた飲食関係の仕事を手伝った。以来、飲食店をはじめ、いろいろな仕事をしてきた。生まれた時期が自分の人生を大きく変えてしまったと思っている。

妹に勧められ、夜間中学に入学し、七年目の今も通っている。

自宅の台所で。

阿《あ》部《べ》スギさん

一九二一年、福島県生まれ。
（中国残留婦人）

▶中央が阿部スギさん。左が同じ夜間中学で学んでいる孫のお嫁さんの韓琳琳さん。右は中国に住んでいる長女の仏阿芳さん。母の通う学校を見学に来た。

結婚して二一歳の時、満州開拓団（軍属）として夫と満州に渡り、牡丹江《ぼたんこう》に入植した。間もなく戦争が始まり、夫は徴兵され、戦後はシベリアに抑留《よくりゅう》された。

日本に帰ることができなくなってしまい、生きていくために中国人と結婚した。阪神淡路大震災前年の一九九四年に、ようやく帰国することができ、尼崎市で工場を持っている身元引受人のところで家族全員が働かせてもらった。

日本で小学校を卒業していたので少しは言葉を覚えていたが、五〇年以上日本語を使うこともなかったし、東北出身のため関西弁がほとんど聞き取れず、自分から人に話しかけることはなかなかできなかった。

夜間中学に通うようになり、気心の知れた人の中でやっと話ができるようになった。今は、孫のお嫁さんもいっしょに夜間中学に通っている。

遊びに来た孫の家族と。

李《リ》　路《ルン》明《ミン》さん

一九六九年、中国・長春生まれ。
（両親は中国出身）

ハルビン工程大学機械学科を卒業した。中国で結婚して、一九九九年に日本に来た。妻と二人暮らしで、妻はプログラマーとして神戸の会社で働いている。

大手電機メーカーで派遣社員として働いていたが、仕事のグループが解散したので仕方なく辞めた。今は語学学校で中国語を教えている。日本語のレベルを上げることで仕事も変えていけると思っている。

日本語の勉強のために夜間中学に通っている。夜間中学の他の高齢の生徒さんとも親しくしている。

自宅のあるマンション前で。

沈《シェン》 紅《ホン》さん

一九六六年、中国・上海生まれ。
（両親は中国出身）

二〇〇四年一〇月、結婚を機に日本に来た。中国ではスーパーマーケットの主任をしていた。

同年一二月に夜間中学の聴講生となり、二〇〇五年四月に正式に入学した。今は仕事をしていないが、日本語を勉強して日本で働きたいと思っている。

学校は中国語のわかる先生がいないので、なかなか意思の疎通がうまくいかない面もある。それまで担当していた先生が転勤になり、新しい中国出身者も多いクラスになったが、日本語がほとんど理解できずに戸惑っている。

（入学式翌日以降登校していない。先生たちも生徒たちも心配している。）

尼崎中央商店街の喫茶店の前で。

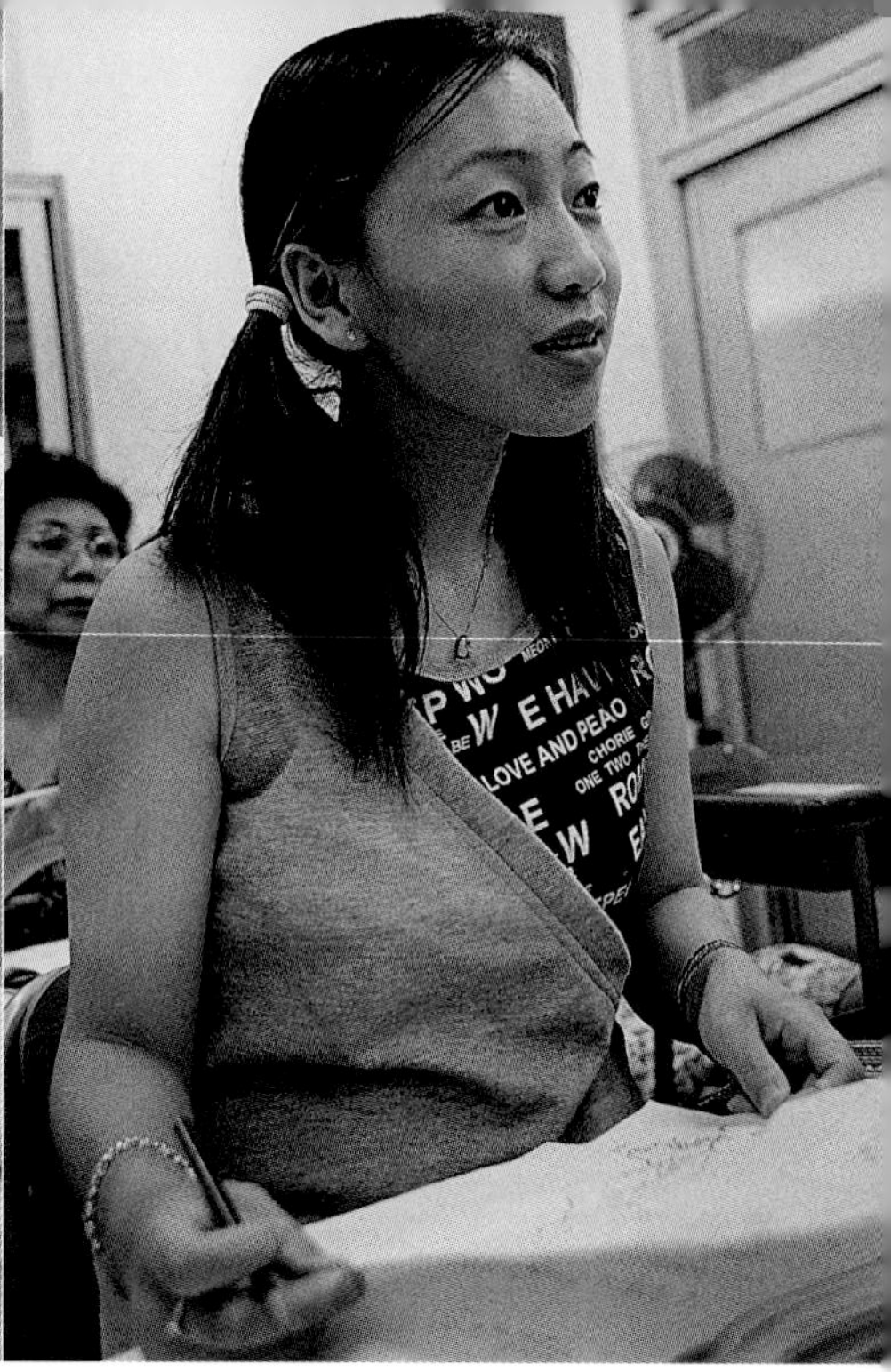

鍾《チョン》　秋《チュウ》さん　一九七八年中国・ハルビン生まれ。（両親は中国出身）

中国で高校を卒業後、ハルビンの写真館で二年間働いた。陳海龍と中国で結婚して二〇〇三年に日本へ。翌年六月、聴講生として夜間中学に通い始めた。二〇〇五年一月に男の子が生まれ、母親が産後の手伝いに中国から来た。二〇〇四年一一月以降出産のため休学していたが、二〇〇五年四月に復学し、正式に入学した。当面、子供を親に預けて日本で働くつもりだ。

陳《チン》　海龍《ハイリュウ》さん　一九八〇年、中国・ハルビン生まれ。（母方祖母は日本人で中国残留孤児）

祖母は中国残留孤児、祖父と父は中国人。中国で小学校を卒業後、一九九六年、一五歳の時日本に来て中学校に入った。妻の鍾秋とは二〇〇二年中国で結婚。二〇〇四年六月から鍾秋といっしょに、会社の帰りに日本語の勉強のために琴城分校に聴講生として通っている。

二人に赤ちゃんが生まれた。

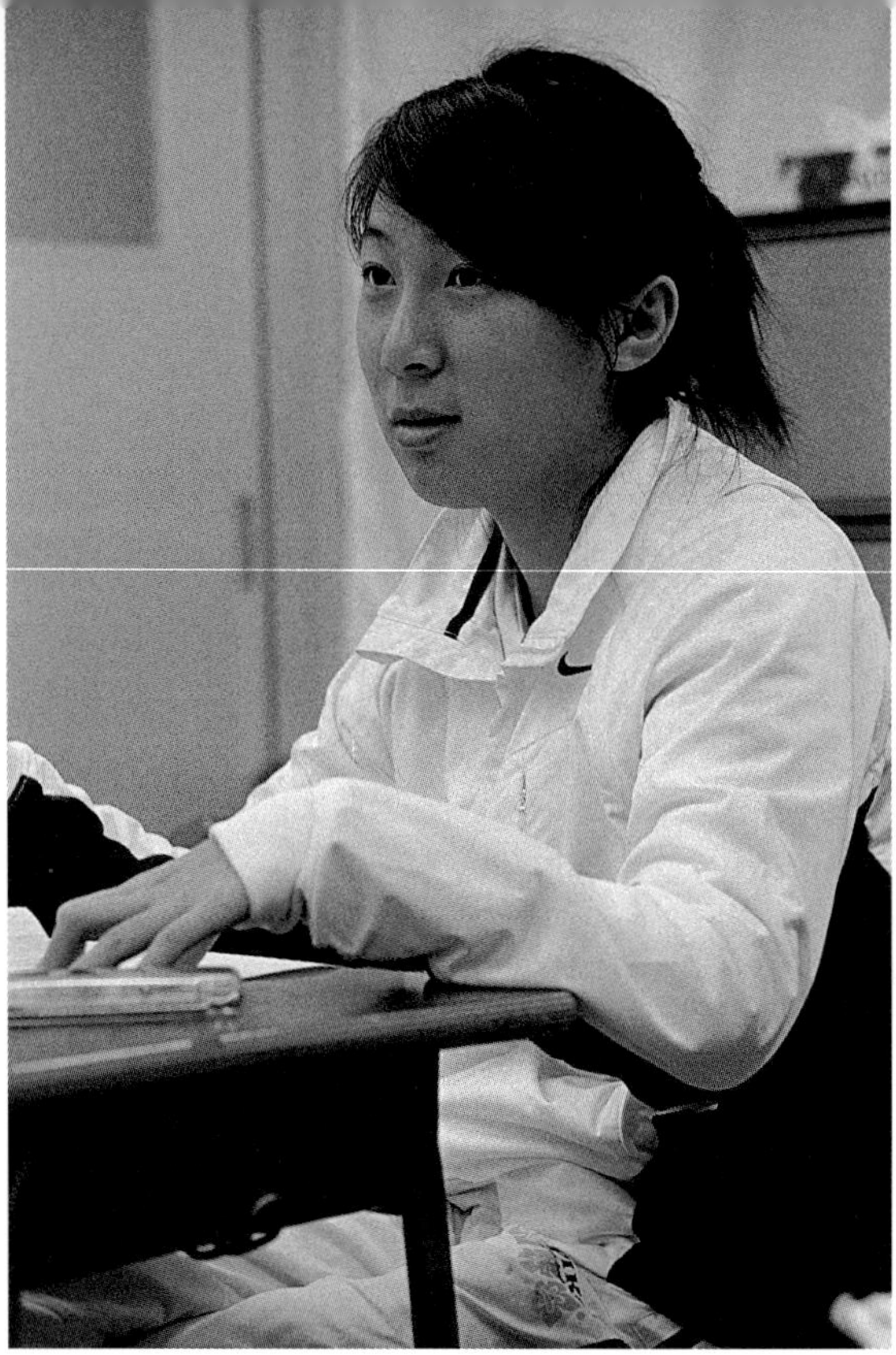

王《ワン》　琛《チン》さん

一九八八年、中国・抗順市生まれ。
（両親は中国出身）

二〇〇四年八月二三日に日本に来た。両親と三人で暮らしている。両親は尼崎にある食品会社で働いている。

現在、中学生。昼間の中学校の学習についていくには日本語の力が足りないので、市内の小学校の「なかよし教室」で勉強し、さらに母親の通っていた夜間中学に聴講生として通い、日本語を勉強している。

（母親の李真妮さんは仕事が忙しくて夜間中学の授業に出席する日が少なくなっていたが、二〇〇五年三月に卒業した。それに伴い、王さんもそれ以降通学していない。）

阪神尼崎駅前で。

謝《チェ》 秀《サウ》連《レン》さん

一九五九年、香港生まれ。
（両親は中国・杭州出身）

香港の学校を卒業してホテルの受付の仕事をしていた。同じホテルで会席料理のコックをしていた日本人と結婚して、一九九一年に日本に来た。香港にいる時にも、週一回日本語の勉強に通っていた。

来日してからは日本語を学ぶためにＹＭＣＡに半年だけ通った。それからずっとそのままになっていたが、夜間中学のことを台湾人の知人から教えてもらい、二〇〇二年春に入学した。最近は子供の学校や塾のことで時間の調整が難しく、登校する日が少なくなっている。

夫は今も調理師として働いている。将来は日本語をもっと勉強して、広東語─日本語の通訳として働きたいと思っている。

息子の尊秀（たかひで）君と。

シェイン・ヘルナンデスさん

一九八三年、フィリピン・マニラ生まれ。
（母方祖父は沖縄出身の日本人）

祖父が沖縄出身の日本人で、名前は赤嶺と言った。母が日本人と結婚したので、妹といっしょに三年前に日本に来た。

二〇〇二年三月から、自宅近くの新聞配達所で、新聞配達の仕事をしている。配達区域は、マンションや一般住宅が混在しながらも整理された美しい街だ。配達は、朝刊は午前三時から、夕刊は午後三時から始める。天気の良い日でもそれぞれたっぷり二時間はかかる。雨の日や折り込みチラシの多い土、日曜日はさらに時間がかかる。はじめは漢字が読めず配達する家を覚えるのに大変な苦労をした。

以前夜間中学に勤めていた先生の紹介で、週二回、妹といっしょに夜間中学に通うようになったが、最近は他の仕事もしているので、通学の時間があまり取れない。

新聞配達の仕事をしている。

長谷川慎太郎《はせがわしんたろう》さん

一九六四年、ベトナム・サイゴン生まれ。
（両親はベトナム出身）

南ベトナムに住んでいたので、ベトナム戦争後の生活は大変だった。ボートピープルとして国を出、一週間ほど漂流して石油タンカーに保護された。難民としてマレーシアに滞在した後、日本に難民申請して認められ、一九八四年に来日した。

姫路の難民センターにしばらくいて川西市に移った。その後、日本人女性と結婚して現在は伊丹市に住んでいる。妻の姓、長谷川を名乗っている。

日本に来て一四年経ち、日本語を勉強したいと思っていたところ、伊丹市の広報に尼崎市の夜間中学、琴城分校の生徒募集が載っていたので、家族と相談して入学した。

最初、勉強についていくのは大変だったが、二年目の二学期頃にはかなり慣れた。一〇月には運動会があり、一一月の文化祭では作品作りに忙しい思いをしたが、楽しく嬉しいことでもあった。

入学した頃は縫製工場で、卒業後は金型工場で働いている。

王子動物園（神戸市）への遠足には息子と参加した。

アリ・アハマドさん

一九八二年、アフガニスタン生まれ。
(両親はアフガニスタン北部出身、ハザラ人)

アフガニスタン出身の難民。タリバン政権下で迫害を受けた。父とともに北部同盟でタリバンと戦い、父は戦死した。弟は家で殺害され、母は消息不明になった。

二〇〇一年九月、ブローカーとともに出国したが、旅券不所持を理由に関西空港で拘束された。いったん退去強制令書処分となったが、難民申請により同年末に処分が取り消された。

大阪の支援団体の施設で暮らしている時に知り合った日本人女性と結婚し、二〇〇二年一一月に尼崎市役所に婚姻届を提出した。

二〇〇三年五月に夜間中学に入学して通っていたが、結局、難民申請は却下され、二〇〇三年七月、入国管理センターに強制収容された。収容中も面会室で教員が届ける教材で勉強を続けた。妻らが仮放免を求めたが認められず、また、琴城分校の生徒会も嘆願書を提出したが功を奏さず、二〇〇四年七月国外退去となった。

自宅アパートの廊下で。

仲間の絆

文化祭はみんなの楽しみ。手作りの大型紙芝居で
「虎退治」をそれぞれの役になりきって朗読する。

趙朴（チョウパク）さんの太鼓で朝鮮の民族踊りが始まった。チョゴリ姿で踊っているのは李外祚（イウェジョ）さん。

手作りの鳴子(なるこ)を鳴らして歌う。

皆の前で紙芝居をする朴石岩（パクソクアム）さん。
読む文字を、先に先生が指で示している。

自画像の前で（文化祭）。

桜の木の貼り絵の前で(文化祭)。

近畿夜間中学連合生徒会主催の合同運動会。
大玉運び競技に熱狂する。

玉入れ合戦に張り切る安部和子さん(右)と
朴鳳仙(パクポンスン)さん(左)。

いい汗ながそ！

いちまいのビラの
おかげで入学できた
ろうかんでならった「あ・い・う・え・お」
はじめての若さにまけぬ夜間生
につけたほたるのひかり机にすわり手がふるえ
ただひだまりおくぬともしきみしい
へたなうただけれどいずまぐぐりよ
「たらた」も早くかお見せて
とってもの人はすすんで学ぶ心はせいしゅんや
「を」をつかうところがいもわからないせいよ文字の山
まもってゆこうまなびやをつくる
かわろうおんどみんなくる
よあさんがりよこちらで「が」一つのわをつくる
たんじょう目むずめにはじめて
れんこうかちょうちょうちょうからうえは、うったえる
その年になったえいごぎがしてる
つづいてねこのがっこう「う」のもやかんちゅうしゃ
そのへんにあるすうがくもいらないいちむかしのはなし
ライバルもてんすうもいらないいちとよくしゃべる
うんどうかいいろとりどりのチャチャチャヨリ

議長

近畿夜間中学連合生徒会の生徒会総会で挨拶する金尹任（キムユンニム）さん。

2階の灯りがついている教室が夜間中学の教室。６クラスある。

夜間中学の生徒さんとともに10年間

夜間中学――それは、現代の日本にあるはずのない学校である。そんな学校が存在するのはなぜなのか？　なぜそんな学校が必要なのだろうか？

「義務教育年齢を過ぎている、あるいは中学校を卒業していない」――これが夜間中学の入学資格である。本来の義務教育期間中に、何らかの事由で教育を受けることができず今日に至っている人たちのための学校である。小学校の卒業資格は問わない。したがって、現状として生徒の内訳は、戦争やそれに伴う貧困・健康状態の悪さなどから学校に通えなかった人たち、海外からの帰国者、外国人などが主であるが、地域によっては、もと不登校者の受け皿になっている学校も少なくない。

夜間中学の設置に関して、教育基本法には条文が存在しないため、学校教育法施行規則第七条の規定により、地方公共団体に二部授業を行なうという届出をして設置している。二〇〇四年現在、全国で三五校、近畿地方には、京都一、奈良三、大阪一一、兵庫三、合計一八校ある（一四八～一五一頁表参照）。

❇「写真屋さん」と呼ばれて

阪神電車尼崎《あまがさき》駅付近は、かつて尼崎南部工業地帯の中心地として栄えたところである。駅南口から東へ庄下川の橋を渡ると、阪神淡路大震災で大きな被害を受けた古い街並みが続く。その昔、尼崎城があったこの一帯は、その名残で城内地区と呼ばれる。本丸跡地の一角に尼崎市立城内《じょうない》（現・成良《せいりょう》）中学校琴城《きんじょう》分校がある。設立は、一九七六年四月。最初は尼崎市教育研究所の一部を校舎として開校した。学校の構成は四〇名、三クラス、一二〇名が基本となっている。

二〇〇五年四月、学校統合で尼崎市立城内中学校琴城分校は、尼崎市立成良中学校琴城分校と名称変更した。現在までの全卒業者数は二五七名になる。二〇〇五年四月現在、生徒数四九名、教員数八名、校務員一名、六学級である。

琴城分校の修業年限は三年だが、学年の規定はない。入学から三年経つと、中学過程を修了した証明として卒業証書が授与される。当初はその三年で終わりだったが、生徒からの強い要望で、一九九五年から、卒業後も希望すれば引き続き授業を受けることができるようになった。

それぞれのクラスには担任の先生がいて、教室に入ると、昼間の中学では見ることのない机が並ぶ。それぞれの机の下に手作りの板が置いているのだ。足を乗せる板である。長老の朴石岩《パクソクアム》さんに聞いてみると、一〇年前の人に聞いてもすで

自転車で通学してきた金基淳さん。

にあったとのこと。足が楽で、座り心地が良いとのことであった。

授業が始まるのは一七時三〇分、それから一校時四〇分の授業が始まる。一八時一〇分から給食（パンと牛乳）も兼ねた休憩時間、二時間目は一八時三〇分から。それから後は五分間の休憩をはさんで四時間目までが毎日の授業である。授業の終了は二〇時四〇分である。

私が撮影に通い始めた頃の琴城分校の在校生は六〇〜七〇人であった。当時は在日韓国・朝鮮人一世の女性が多く、平均年齢が六〇代後半、その多くはご主人が日本に強制連行された後、その人のお嫁さんとして朝鮮半島から来た人たちであった。ほかには、戦後日本に帰ることができなかった中国残留婦人・残留孤児、ジャワや満州に住んでいた沖縄出身者、ブラジル移民の日本人、戦後、貧しくて学校に通うことのできなかった日本人、台湾出身の中国人……。生徒さんたちはいずれも戦前戦後の日本の政治や、当時のアジアの国々との関係の中で〝負の遺産〟を背負わされた人たちであった。

その教室で恐る恐る生徒さんにカメラを向け始めた私だったが、最初の一年間くらいはどうしても生徒さんの間近に近寄ることができなかった。それに、ほとんどの生徒さんは写真を撮られるのが好きでない。「よくまあこんな年寄りの顔を」とか、「なぜ撮るのか」と半分怒った顔で言われた。さらに困ったのは、授業風景を撮ろうとすると、ノートや手で顔を隠されてしまう。その人だけを撮る

学校の玄関前。

つもりではないのに、雰囲気が壊れてしまうので、やむなく諦めなければならないこともよくあった。それでも、やがていっしょに行った遠足などで撮った写真を喜んで受け取ってくれるようになり、家に持ち帰ると家族が気に入ってくれたのがきっかけで、次第に教室でも臆《おく》せず撮らせてくれるようになっていった。

その頃、私の勤務先の研究所は豊中市にあった。研究所の仕事が終わるのは一七時一五分、夜間中学の始まる一五分前、一校時目から撮影するのははじめから諦めなければならなかった。一七時四〇分に研究所を出て、車で渋滞のない道を選んで阪神尼崎駅の近くにある琴城分校に駆けつける。たどり着くのは一時間目が終わる頃、あるいは給食休憩時間だった。

そんな中、「はじめに」にも書いたように、私はいつの間にか生徒さんたちから「写真屋さん」と呼ばれるようになった。先生はちゃんと名前を紹介してくださるのだが、なにしろ「宗景《むねかげ》」という私の名前は難しい。だから今でも「写真屋さん」で通している。新しい生徒さんの中には私の職業が本当の写真屋と思っている人もいる。「写真の複写を」と頼まれるので、よく聞いてみると、仏壇に飾る写真だったりして、思わずあわててしまう。

✻夜間中学の授業

授業はやはり日本語（国語）が中心である。漢字学習では、先生方はその成り

足受けのある机。

立ちを身近な例を使っていろいろな角度から展開して説明する。撮影しながら聞いている私も納得してずいぶん賢くなった気分になってしまう。

理科や社会の時間数は少ないが、これらの授業も専任の先生の工夫を凝《こ》らした手作りである。理科は実験も試みられる。社会の地理や歴史の授業では先生の話から生徒の体験も交えた話題が飛び出し、脱線しながらも大いに盛り上がる。聞いている私もいつの間にか話題の中に入り、いっしょにしゃべってしまっている。授業の邪魔と言われそうだ。

英語は選択科目。授業を受けている生徒が二、三人の時もあり、そんな時はいつの間にか撮影している私も生徒になってしまい、発音の順番がまわってくる。

二〇〇四年からはコンピューターの授業も始まった。若い生徒さんに混じって七〇代の人も頑張っている。また、夜間中学に赴任してきた先生が生徒さんの母国語を勉強して、それを使いながら授業を盛り上げているのもおもしろい。

多くの生徒さんが仕事が終わってからの登校だ。撮影する私の方が睡魔に襲われるのに、生徒さんの表情にそれがない。そして「この年になると覚えが悪いのだ」と嘆きながらも頑張り続けている。

授業は、国語（日本語）（10）、数学（1）、理科（1）、社会（1）、図工（1）、音楽（1）、体育（1）などがある。その他に生徒の選択で、習字（2）、コンピューター（2）、英語（2）などの授業も用意されている。カッコ内は週当たりの授

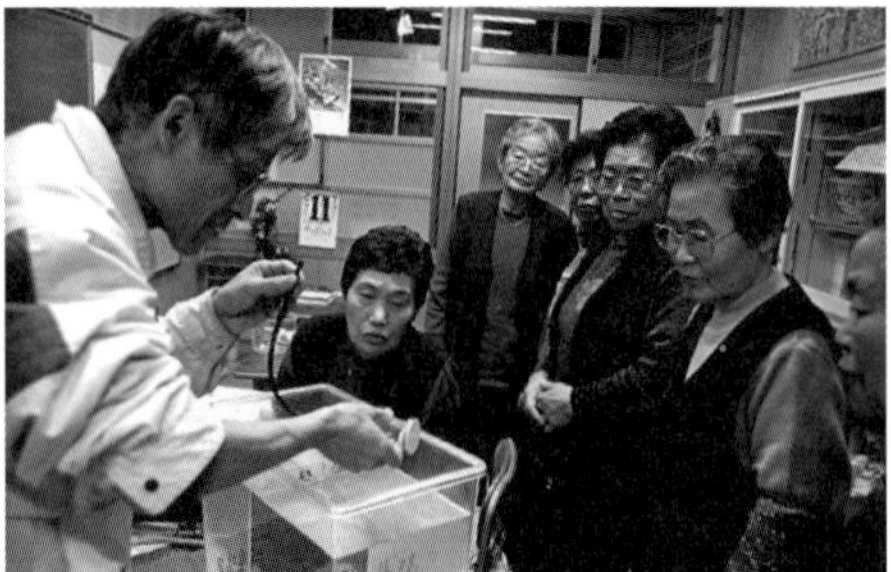

理科の実験。

業時数である。
以下、科目ごとに授業内容を紹介しておこう。
◆国語（日本語）＝平仮名・漢字の読み方・書き方、文章の音読、作文など。習熟度に合わせて、多くは各クラスの教師の手作りプリントで行なわれる。
◆数学＝習熟度に合わせて、足し算、掛け算Ⅰ、掛け算Ⅱ、分数、中学数学初級、中学数学中級の各クラスに分かれて授業が行なわれる。生徒は自分に合った教室に移動し、授業を受ける。
◆理科＝教師の自作のテキスト、掛け図やさまざまな道具を使って行なわれる。さらに実験室などの設備がないので、教師が手作りの実験装置を教室に持ち込み、水圧の実験や酸素の発生実験なども行なう。生徒は水中の風船が水深によって変わる不思議な現象を驚きの表情で見つめたり、酸素の気泡が発生してくる試験管を恐る恐る手にする。冬には尼崎でも星座の観察できる日がある。寒空の下で天体望遠鏡を使い、金星や土星を観察する。生徒は眼鏡をかけたりはずしたりしながら交替で望遠鏡をのぞく。顕微鏡を使って植物細胞や動物細胞を観察することもある。
◆社会＝週一回という限られた時間の中で、地理、歴史、公民の授業をクラス別に並行して行なう。二〇〇五年の新学期、最初の地理の授業は宇宙の話から始まった。地球は太陽系の星の中で偶然にも生命が発生進化できる適度な環境があっ

交替で土星を観察。

たこと、自然界の偶然の結果として得られたこの地球環境を私たちが守り、未来に伝達していく義務があるということを、いろいろな例や生徒から出た話からまとめる。

◆地理＝国名と首都、県名と県庁所在地、それぞれの国や地方の特産物の話が出る。生徒はさまざまな角度から教師の話に相づちを打ったり異論を唱えたりする。話題が食べ物の話になると俄然盛り上がり、各自の体験談が披露される。

◆歴史＝昼間の学校では省略されがちな現代史も取り上げられる。第二次大戦前後の話になると、生徒たちが生き証人となる。歴史学習課題の中に自分たちの生きてきた体験がある。学校近くの商店街は闇市から出発したこと、その後の仕事や商売のことにまで話は発展する。歴史と生徒の体験が織り成す授業は他の学校ではめったに見られない。

◆図工＝いろいろな作品に取り組む。教師が用意した下絵に着色をしてそれを完成させる、静物をスケッチする、習字を展示する掛け軸を作成する、材木を使った工作をする、手芸工作や民芸品を製作するなど、製作熱は文化祭前に頂点に達する。

◆音楽＝音楽の授業は歌が中心である。担当の先生によって伴奏はピアノであったり、ギターであったりする。全員の声を合わせるのが大変で、伴奏の先生以外は生徒の間に入り、歌詞を指で示す先生、音程の外れた生徒に負けずに声を出す

ギターで伴奏する先生。

先生と、大変にぎやかである。一二月のある日の授業で歌った歌——「琴城分校の歌」「琵琶湖周航《しゅうこう》歌」「島のブルース」「青い山脈」「お座敷小唄」「北国の春」「さざんかの宿」（生徒さんから、一杯飲まんとうまくいかんわの声）「ここに幸あれ」（よく揃いましたと、伴奏の先生）「あかとんぼ」「ふるさと」「里の秋」。毎回授業のはじめには琴城分校の歌を歌う。みんなの気持ちを歌った歌である。

♪あこがれつづけた学校の門をくぐった
三年前奪われていた文字一つずつ
取り戻していく日のうれしさよ

……………

◆体育＝高齢者が多いので、軽く体を動かしてみんなで楽しめるような授業内容になっている。夏期は夜間でも屋外でグランドゴルフなどができるが、他の時期は、集会室や教室で、剣玉やボール転《ころ》がしなどのゲーム的要素の強いものをすることが多い。

◆習字＝文字をはじめて学ぶ生徒さんは美しい字を書きたい気持ちが強いので、人気のある教科である。週に二回。習字初級、硬筆平仮名、硬筆漢字、習字上級の四つのクラスに分かれて行なわれる。

新入生歓迎会。定番の焼肉。

◆英語＝アルファベットの書き方から始まり、英語の挨拶、自己紹介など、日常使える英語を中心にみんなで順番に、緊張した表情で声を出し練習する。

◆コンピューター＝二〇〇四年度から始まった。日本語を学ぶことと一体の授業。まず、自分の名前、そして文章を作ってみるところから学ぶ。たいていはローマ字を習っていないため、キーボードはかな入力に設定してあるが、中にはローマ字入力に挑戦する生徒さんもいる。

✻琴城分校の一年間

◆四月＝新入生を迎える新学期は学校が最も華やぐ時期である。琴城分校には毎年、年度途中も含め、一〇人以上の人が入学する。この時期は各教室とも机が生徒で埋まる。四月中頃の日曜日の昼に、近くの公園で新入生歓迎会が行なわれる。買い出しと準備は先生たちの役割。毎年、焼肉にキムチといった定番の料理が満開の桜の下に並ぶ。

◆五月＝近畿地方の夜間中学一八校でつくられている近畿夜間中学校連絡協議会・近畿夜間中学校生徒会連合会の主催で、生徒総会・新入生歓迎集会が行なわれる。生徒は全員で参加する。

◆六月＝春の遠足。二〇〇四年は尼崎市内の農業公園だった。

◆七月＝夏休みを迎える。休み前の終業式の日は大掃除の日でもある。生徒の

地下鉄に乗って連合生徒総会に出かける。

中には掃除の仕事をしている人も多く、校舎の清掃は見事な手際であっという間に仕上がる。

◆一〇月＝近畿地方の夜間中学の合同運動会が行なわれ、琴城分校からも毎年全員で参加する。二〇〇四年は大阪の天王寺中学校で開催された。

◆一一月＝全校生徒の遠足がある。以前はバスや電車で淡路島の花博、明石大橋、豊中市の服部緑地などに出かけていたが、高齢の生徒の歩く負担を減らすため、だんだん近くの公園に出かける遠足に変わってきた。みんな草花が大好きで、そして美味しいものが大好きである。朝鮮料理の弁当が山のように広げられ、弁当を食べ終わると、歌や踊りが始まることもある。

◆一一月末〜一二月初旬＝二日間にわたって文化祭が開催される。「はじめに」で紹介した中国残留孤児・宮島満子《みやじまみつこ》さんの体験を聞いたのはこの文化祭の時であった。その頃、山崎豊子の小説『大地の子』を読んだばかりだった私は、この発表を聞いて言葉に表せない強い衝撃を受けた。

なお宮島さんは、三年間夜間中学で勉強した後、城内高校（定時制夜間高校）に進学、四年後の二〇〇二年三月卒業。その後、二〇〇四年、国に損害賠償を求めた残留孤児集団の原告に加わり、兵庫県在住者の通訳として忙しい日々を送っている。

◆三月初旬＝体験発表。日頃の学習の成果を踏まえ、体験したことを皆の前で

遠足。食事の後で踊りが始まった。

発表する。

◆生徒募集活動＝近畿地方全校の生徒会主催で、同じ日曜日に生徒募集活動を一斉に行なう。琴城分校では毎年阪神間の駅のターミナルで生徒募集のビラを配る。

琴城分校では毎年三月になると、生徒自身の活動として生徒募集活動を行なう。二〇〇五年は三月一三日にJR西宮駅で行なわれた。まずまずの天気と思っていたのに、突然、雪が舞い始めた。ビラ配りが終わらないうちに、通りの向こうが見えないほどの雪になった。帰る時に、「明日は授業がありますよ、忘れないでくださいね」と、先生がみんなに話していた。通常、土・日に学校の行事があった時には月曜日は代休なのだが、生徒募集活動は学校行事ではなく、生徒と教師の自主的な活動なのである。

昨年入学した鄭《チョン》春《チュン》喜《ヒ》さんはご主人が尼崎中央商店街で生徒募集のビラを受け取ったのがきっかけで、夜間中学があることを知った。文字を使わず生活している者にとって、夜間中学の存在を知ることは大変難しい。限られた情報の中で生活している人のために、このような活動で一人でも多くの人に学校の存在を伝えることが大事なのである。

❇文字が読めるようになった時の喜び

中国残留孤児として生きた体験を発表する宮島さん。

夜間中学の撮影の中で、私がいつも心を打たれるのは、何とか文字を読めるようになりたいという生徒さんの強い学習意欲に触れる時だ。Aさんが夜間中学に通い始めたのは二〇〇四年九月からだった。しかもそのきっかけが何ともユニークである。

旅行好きのAさんは友達と旅行するため、格安切符を買いに大阪駅に行った。時間があったので、安かったら手相を見てもらおうと占い師のところに寄った。二〇〇〇円だったので、見てもらうことにした。ところが、その占いは名前の漢字の画数占いだった。字を書くように言われたが、書くことができない。これまでペン習字を習ったが一人では続かなかったので、はじめから字を教えてもらえるようなところでお稽古をしたいと思っていると言うと、その占い師さんは、「小学校はないけど、中学はある」と教えてくれ、親切にも西宮市の教育委員会の電話番号まで調べてくれた。それから教育委員会に問い合わせ、尼崎市にある琴城分校にたどり着いたというのだ。

また、沖縄・宮古島出身の金城《かねしろ》トミさん。金城さんが夜間中学に入学したのは七三歳で夫を亡くした後だった。葬儀を出し、その後始末がたくさんあった。いろんな書類を書かなければならない。しかし字の書けないトミさんは本当に困った。その後、これから生きていくために何をしようかといろいろ悩んだ。そんな時、尼崎市報に載った夜間中学の記事が目に飛び込んできたのである。

文化祭の作品、わら草履作り。

夜間中学にたどり着くまでの生徒さんたちの人生は、本当にさまざまだ。文字が読めないということは、普通に読み書きして生活している人にははかりしれない苦労があるはず。それだけに夜間中学に出会い、文字が読めるようになった時の嬉しさは格別だ。生徒さんたちは習いたての文字を使って、文字を知らなかっただめに情けない思いをしたことや、文字を自分のものにした時の嬉しい気持ちをこんなふうに表現している。

《ある日、子供の「さんかんび」に行きました。じゅんばんに名前を書かなければならないのですが、私は書けないのでひとに書いてもらいました。本当になさけなく、かなしい気持ちがしました。》

《ぜんぜんエンピツの持ち方も知らなかったでしたが、なんとかエンピツを持つことができるようになり、学校へ来て良かったと思いました。友達に年賀状を送りたい思って一生けん命に練習しています。けれどいつになったら書けるかと心配です。》

《がっこうにくるまでは町でみすごしてきたもじがひらかなをならって、あるひとつぜん目にとびこんできました。いつもとおるえきの「のだ」というじがよめました。ああこれが「のだ」だとこころがかんどうでいっぱいになりました。いままでなにもよめなくて、かなしかったこころが、ぱっとあかるくなりました。えきのゴミばこに「おす」とかいてあって、ただ入れるのではなくて、おすのだ

生徒募集のビラを配る阿部スギさん（左）と朴石岩さん（右）。

とわかって、うれしくなりました。つとめでおおさかにいっていますが、うめだ、ひごばし、ほんまちがすぐよめます。よめるということはいいものだとおもいました。》

思わず胸が熱くなるような作文ばかりである。

琴城分校の国語（日本語）クラスは、日本語の読み書きの程度によって六つに分けられている。一組は平仮名の読み書きを学ぶ、二組は小学校二年生まで（学習漢字混じりの文章が読めるように）、三組は小学校四年生程度、四組は小学校六年生まで、五組は中学生レベル、六組は日本語の読み書きが十分できるクラスである。

一組の金胎粉《キムテブン》さんは、平仮名を一生懸命練習していた。先生が作った手作りのプリントはB４のザラ紙、一行に一二文字の平仮名が縦書きしてある。その横の四角い罫線《けいせん》枠の中に同じ仮名を真似て書き込んでいく。胎粉さんは一文字一文字、仮名の読み方を確かめるように、小さな力強い声で発音しながら書き込んでいた。長年の仕事がわかるような大きな手で。

私は胸がつまる思いだった。そしてこの場面を写真にしようと思い、そっと近寄りシャッターを切り始めた。邪魔を承知の上で、気がついて叱られるかもしれないと思いながら、何度も何度もシャッターを切った。その日は興奮して帰った。次の日に仕事を終え、急いで帰り、フィルムの現像をした。胎粉さんは確かに写っ

平仮名の練習。

ていた。しかし、あの何とも言えない張りつめた雰囲気は写っていなかった。

それからも私は、胎粉さんの撮影を何度か試みた。半年くらいたった頃、地理の時間にたまたま教室の入り口から撮影し始めた時、胎粉さんの威厳に満ちた表情をファインダーにとらえることができた。嬉しかった。

❇八〇代で頑張る夜間中学生たち

夜間中学に通学している生徒さんのうち六〇代までのほとんどの人が仕事を持っている。毎日は出席できない人が多い。さらに雨の日、冬の季節の教室は空いている椅子が多い。高齢の人は血圧の高い人や足の悪い人など、ほとんどの人が何らかの病気を持っている。

二〇〇四年七月、黄福徳《ファンボクトク》さんが夏休みの補習授業の帰りに校舎の出口で転倒し、大腿部《だいたいぶ》骨折の大怪我をした。何とか歩けるようになった一〇月、転んだ場所に戻り、自力で立ち上がるんだと、病院で懸命にリハビリに励んでいた。黄さんは一九一七年生まれ、八八歳の今も夜間中学生だ。

同じ年の一〇月八日、フィリピン出身の生徒さんが四組に転校してきた。みんなが口々に尋ねる。「住んでいる所は?」「仕事は?」と。彼女はこれまで通っていた堺市の夜間中学は仕事が終わってからでは間に合わないので、家からはさらに遠くなるけれど、尼崎の夜間中学に通うことにしたという。いろいろ聞いていてい

大怪我で入院、リハビリの後、登校し挨拶する黄福徳さん。

た人たちは、「みんなも頑張っている、いっしょにがんばろうね」と繰り返し言っていた。何とも言えない温かい気持ちになってしまう。

三月一八日、六組の教室を出て帰り始めた時、階段を下りるところで金尹任《キムユンニム》さんと出会った。降りるのが大変のようだ。「荷物持っていて大丈夫?」と声をかけた。「大丈夫」と答えて尹任さんは不自由な足で階段を下りていた。

学校には階段がある。前の校舎では一階が職員室と大教室、二階が一～六組の教室だった。二〇〇三年に引っ越した今の校舎は一階が児童ホーム、二階と三階を琴城分校が使う三階建ての建物となっている。校舎に入り、二階の教室に上がるのが、足の悪い生徒さんにとっては高い山に登るように大変なのではないだろうか。

尹任さんは片道でも四キロくらいある道を自転車で通学している。足が痛いので、駅から学校までの道を歩くより、遠くても自転車の方が楽だとのことだった。それにしても、昼間は仕事をしながら、不自由な足で自転車を漕《こ》いで通学するのは大変だ。

朴石岩《パクソクアム》さんと李警《リキョン》さんは一九二〇年生まれ。昨年から自転車通学をやめた。二人とも高齢になったため、自転車通学をやめるように家族に言われたのだそうだ。石岩さんは家から歩いて一五分はかかるバス停まで歩き、バスに乗り、学校まで徒歩一〇分かかるバス停で降りる。警さんは家から二〇分の道を歩いて通学

給食を食べながら、日曜日の交流行事の説明を聞く。

している。
冬の寒い日、夏の暑い日、そして雨の日はさらにきびしい。文字が読めないために、交通の便利な都会に住んでいながら、一人で出かけることのできない日々を送っていた生徒さんから、駅の名前が読めた喜びを聞いたり、孫に手紙が書けた喜びなど聞くたびに、私自身が忘れかけていた学ぶ喜びを思い起こさせてもらっている。

琴城分校には、日本はもちろん、韓国、中国、台湾、ベトナム、フィリピン、ブラジル、アフガニスタンなどいろいろな国の人が集まってきている。生徒さんたちはみんな本名を名乗る。韓国・朝鮮籍の人は、日常生活では日本名を名乗っているが、学校では実名で通している。また、近年の入学者の中には、紛争地域から脱出した人や、日本での新しい生活を求めて近隣のアジアから来る人なども増え、新たな世界情勢を反映している。アフガニスタンからの難民、フィリピンから来た姉妹、中国出身の夫婦など、これまでとは異なる様相を呈している。

そんな国際色豊かな生徒さんたちの、ハングル、中国語、英語を交えた質問に、先生たちは辞書を引きながら答える日々が続いている。以前からこの教室で学んでいる生徒さんたちも、これら新入生の質問に答えたりいっしょに考えたりする。

一生懸命若い生徒と話をし、日本の習慣を説明し、教室は暖かい雰囲気に包まれ

天眼鏡で辞書を見てフィリピン出身の生徒に教える先生。

る。

これまで人一倍きびしい生活、険しい人生を送ってきた方がほとんどの夜間中学。学歴や資格とも関わりなく、学びたい人だけが集まっている学校。点数や競争に追われることなく、みんな自分が生きるために学んでいる学校――。そこは真剣であるとともに、限りない思いやりと温かさが溢れた場所である。尼崎市立城内（現・成良）中学校琴城分校は、そんな学校であると、私は感じている。

2004年度入学者数	開設年月日	電話番号　FAX E-mail アドレス　ホームページURL
33	1953. 5. 1	(Tel)03-3617-1562 (Fax)03-3617-7920 bunkachu@br.city.sumida.tokyo.jp http://www.city.sumida.tokyo.jp/~bunkachu/
8	1953. 9. 1	(Tel)03-3741-4340 (Fax)03-3744-2668 kjy-j9@educet.plala.or.jp http://academic2.plala.or.jp/kjyj/yakan.htm
13	1954. 5. 1	(Tel)03-3424-5255(夜間専用),3413-4511(学校代表) sg501@tmiku.setagaya.ed.jp http://www.setagaya.ed.jp/tmiku/13_night.htm
12	1957. 2. 15	(Tel)03-3892-4177 (Fax)03-3819-6818 kinta928@yahoo.co.jp http://www.aen.arakawa.tokyo.jp/ARAKAWA-9-J/yakan/yoru_index.htm
50	1951. 7. 16	(Tel)03-3887-1466 (Fax)03-3887-6066 http://www.adachi.ne.jp/users/adach4-j/
26	1953. 4. 20	(Tel)03-3602-7979 (Fax)03-3838-5769 yo-futaba@excite.co.jp http://www.kyouiku.katsushika.tokyo.jp/jfutaba/index.html
38	1971. 4. 1	(Tel)03-3684-0745 (Fax)03-3684-1656 edo2yc@educet.plala.or.jp http://academic2.plala.or.jp/edo2c/yakantop.htm
13	1952. 5. 10	(Tel)0426-42-1635 (Fax)0426-46-6473 dai5j@edu.city.hachioji.tokyo.jp
2	1948. 2. 4	(Tel)045-421-6281 (Fax)045-431-2461 http://www.edu.city.yokohama.jp/sch/jhs/urashimaoka/index.html
0	1957. 4. 1	(Tel)045-711-2231 (Fax)045-713-9743 maitac0f@edu.city.yokohama.jp http://www.edu.city.yokohama.jp/sch/jhs/maita/index.htm
3	1950. 4. 1	(Tel)045-231-0153 (Fax)045-253-7073 http://www.edu.city.yokohama.jp/sch/jhs/nishi/index.htm
6	1950. 5. 1	(Tel)045-501-2397 (Fax)045-507-0083 tsurum1f@edu.city.yokohama.jp http://www.edu.city.yokohama.jp/sch/jhs/tsurumi/index.htm
1	2001. 4. 1	(Tel)045-621-9600 (Fax)045-622-8654 nakaod0f@edu.city.yokohama.jp http://www.edu.city.yokohama.jp/sch/jhs/nakaodai/index.htm
9	1982. 4. 1	(Tel)044-788-0031 (Fax)044-799-3954 KES30179@to.keins.city.kawasaki.jp http://www.zenkaiken.net/kakuko/nishiyakan/index.htm
4	1981. 4. 1	(Tel)047-377-6883 (FAXも同じ) http://www.ohsu-tyu.ichikawa-school.ed.jp/index.htm
11	1968. 5. 1	(Tel)075-821-2196 (Fax)075-821-2197 ikubun2-c@edu.city.kyoto.jp http://www.edu.city.kyoto.jp/hp/ikubun-c/
37	1969. 6. 5	(Tel)06-6771-2757 (Fax)06-6775-5693 jo92151@ocec.ne.jp

［資料１］ **夜間中学所在地全国一覧**

	学校名	所在地	在籍生徒数		2003年度卒業者数
			男	女	
東京都	墨田区立 文花中学校	〒131-0044 墨田区文花1-22-7	28	43	24
	大田区立 糀谷中学校	〒144-0034 大田区西糀谷3-6-23	4	13	6
	世田谷区立 三宿中学校	〒154-0004 世田谷区太子堂1-3-43	22	34	15
	荒川区立 第九中学校	〒116-0012 荒川区東尾久2-23-5	13	28	12
	足立区立 第四中学校	〒121-0816 足立区梅島1-2-33	23	52	17
	葛飾区立 双葉中学校	〒124-0003 葛飾区お花茶屋1-10-1	13	37	19
	江戸川区立 小松川第二中学校	〒132-0035 江戸川区平井3-20-1	21	49	26
	八王子市立 第五中学校	〒192-0046 八王子市明神町4-19-1	4	15	11
神奈川県	横浜市立 浦島丘中学校	〒221-0072 横浜市神奈川区白幡東町27	0	1	5
	横浜市立 蒔田中学校	〒232-0018 横浜市南区花之木町2-45	2	5	0
	横浜市立 西中学校	〒220-0046 横浜市西区西戸部町3-286	5	4	3
	横浜市立 鶴見中学校	〒230-0051 横浜市鶴見区鶴見中央3-14-1	5	3	5
	横浜市立 仲尾台中学校	〒231-0389 横浜市中区仲尾台23	2	6	2
	川崎市立 西中原中学校	〒211-0041 川崎市中原区下小田中2-17-1	4	17	7
千葉県	市川市立 大洲中学校	〒272-0032 市川市大洲4-21-5	19	25	3
京都府	京都市立 郁文中学校	〒600-8383 京都市下京区大宮通り綾小路下る 綾大宮町51-2	11	73	7
大阪府	大阪市立 天王寺中学校	〒543-0053 大阪市天王寺区北河堀町6-20	44	153	18

出典：「2004年度第50回全国夜間中学校研究大会資料」より。なお2005年５月の時点で名称等の変更が確認されているものに関しては、変更後のものを掲げた。

2004年度入学者数	開設年月日	電話番号　FAX E-mail アドレス　ホームページURL
34	1970. 4. 1	(Tel)06-6312-8462 (Fax)06-6312-2495 j012151b@ocec.ne.jp http://akebi.sakura.ne.jp/~kinyachu/ten/index.htm
19	1973. 4. 21	(Tel)06-6621-0790 (Fax)06-6621-6729 http://www.ocec.ne.jp/fuminosato-jh/yakan.html
45	1997. 4. 1	(Tel)06-6752-2889 (Fax)06-6753-2337 j152154c@ocec.ne.jp http://www.ocec.ne.jp/higasiikuno-jh-yakan/
13	1972. 4. 1	(Tel)06-6783-0766 (Fax)06-6783-0023 http://www.higashiosaka-osk.ed.jp/choei-j-yakan/chouei/jan24/yakan.htm
37	2001. 4. 1	(Tel)06-6722-6850 (Fax)06-6722-6969
13	1953. 4. 1	(Tel)0724-38-6553 (FAXも同じ) kisiyoru@sensyu.ne.jp
44	1972. 4. 1	(Tel)072-221-0755 (Fax)072-224-1916 tonobaba-j@sakai.zaq.ne.jp http://akebi.sakura.ne.jp/~kinyachu/tono/indext.htm
88	1972. 4. 1	(Tel)0729-98-9551 (FAXも同じ) yakan@sch.city.yao.osaka.jp http://edu.city.yao.osaka.jp/yaotyu/index.html
51	1973. 4. 25	(Tel)06-6991-0637 (Fax)06-6996-2082 http://akebi.sakura.ne.jp/~kinyachu/mori/index.htm
11	1975. 4. 15	(Tel)06-6863-6744 (Fax)06-6863-7992 jh-y04@tss.toyonaka-osa.ed.jp
13	1978. 4. 1	(Tel)0742-62-2629 (FAXも同じ) kasuga-j-yakangakkyuu@naracity.ed.jp http://www.naracity.ed.jp/kasuga-j/kasuga-y/contents.htm
7	1981. 4. 24	(Tel)0743-63-5793 (Fax)0743-63-5784 yakantyu@educet.plala.or.jp http://academic1.plala.or.jp/yakantyu/
5	1991. 4. 20	(Tel)0744-24-9460 (FAXも同じ) unebiych@mahoroba.ne.jp
11	1950. 1. 16	(Tel)078-736-2521 (FAXも同じ) http://www.kobe-c.ed.jp/mrn-ms/
11	1976. 4. 1	(Tel)078-577-4390 (FAXも同じ) hajime_takata@sch.ed.city.kobe.jp http://www.kobe-c.ed.jp/hkt-ms/
11	1976. 4. 1	(Tel)06-6482-5438 (FAXも同じ) k-kita@kijama-net.ed.jp
12	1953. 4. 1	(Tel)082-292-7707 (Fax)082-234-0496 etjt201@kanon-j.edu.city.hiroshima.jp http://www.kanon-j.edu.city.hiroshima.jp/
18	1953. 5. 1	(Tel)082-262-3599 (FAXも同じ) etjb0401@futaba-j.edu.city.hiroshima.jp http://www.futaba-j.edu.city.hiroshima.jp/

	学校名	所在地	在籍生徒数		2003年度卒業者数
			男	女	
大阪府	大阪市立 天満中学校	〒530-0026 大阪市北区神山町12-9	25	97	18
	大阪市立 文の里中学校	〒545-0003 大阪市阿倍野区美章園1-5-52	21	86	8
	大阪市立 東生野中学校	〒544-0001 大阪市生野区新今里7-9-25	21	220	17
	東大阪市立 長栄中学校	〒577-0055 東大阪市長栄寺12-30	16	59	6
	東大阪市立 太平寺中学校	〒577-0844 東大阪市太平寺2-1-39	21	111	3
	岸和田市立 岸城中学校	〒596-0076 岸和田市野田町2-19-19	21	56	7
	堺市立 殿馬場中学校	〒590-0944 堺市櫛屋町東3-2-1	44	120	9
	八尾市立 八尾中学校	〒581-0837 八尾市緑ヶ丘1-17	91	123	10
	守口市立 第三中学校	〒570-0055 守口市春日町13-20	71	131	15
	豊中市立 第四中学校	〒561-0852 豊中市服部本町4-5-7	15	52	4
奈良県	奈良市立 春日中学校	〒630-8325 奈良市西木辻町67	33	92	7
	天理市立 北中学校	〒632-0034 天理市丹波市町169-1	14	65	0
	橿原市立 畝傍中学校	〒634-0061 橿原市大久保町156	34	50	6
兵庫県	神戸市立 丸山中学校西野分校	〒654-0022 神戸市須磨区大黒町5-1-1	5	29	12
	神戸市立 兵庫中学校北分校	〒652-0816 神戸市兵庫区永沢町4-3-18	7	35	15
	尼崎市立 成良中学校琴城分校	〒660-0825 尼崎市南城内10	12	44	5
広島県	広島市立 観音中学校	〒733-0031 広島市西区南観音3-4-6	21	40	19
	広島市立 二葉中学校	〒732-0052 広島市東区光町2-15-8	12	27	6
		合計	738	1995	347

生徒層		東京	神奈川	千葉	京都	大阪	奈良	兵庫	広島	全国
その他の外国人	パキスタン	2					1			3
	アフガニスタン	1		1				1		3
	ネパール					2				2
	イラン					1	1			2
	ミャンマー	1					1			2
	シンガポール	1				1				2
	コンゴ	1							1	2
	ポルトガル	2								2
	イギリス							1		1
	マレーシア	1								1
	パラグアイ					1				1
	インド	1								1
	スロバキア					1				1
	ボリビア					1				1
	ベラルーシ						1			1
	バングラデシュ	1								1
	ラオス	1								1
	小計	147	40	22	21	220	49	19	24	542
	合計	399	53	44	84	1635	288	132	100	2735

出典：「2004年度第50回全国夜間中学校研究大会資料」より。2004年９月現在。

〔生徒層分類〕

若年――――――入学時に20歳未満の日本人（日本国籍に変更した者を除く）。
青・中・高年――入学時に20歳以上の日本人（日本国籍に変更した者を除く）。
その他―――――日本に国籍を変更した者など。
在日――――――在日韓国・朝鮮人（結婚、就労などによる最近の渡日者を除く）。
引揚――――――戦前に戦争や開拓団などで中国や朝鮮半島などへ行き、戦後帰国できなかった人。また、ここでは準ずるものとして、その配偶者、二世三世とその配偶者も含める。国籍は不問。
難民――――――難民条約に基づいて入国した外国人生徒。また、それらに関して入国を許可された人。
移民――――――戦争に関係なく、移民として南米等に渡り日本に帰国した人。また、ここでは準ずる者として、その配偶者、二世三世とその配偶者も含める。
その他の外国人―最近の渡日者等、上記以外の条件を持つ生徒。

［資料２］ **地区別・国籍別生徒数**

生徒層		東京	神奈川	千葉	京都	大阪	奈良	兵庫	広島	全国
日本	若年	20	3			1			1	25
	青・中・高年	46	5	17	26	311	53	40	2	500
	その他		1			66	11	2		80
	小計	66	9	17	26	378	64	42	3	605
在日		18	0	0	36	489	36	57	1	637
引揚	中国	147	2	3	1	523	127	11	71	885
	韓国・朝鮮									0
	台湾									0
	その他									0
	小計	147	2	3	1	523	127	11	71	885
難民	ベトナム	15						3		18
	カンボジア	2	2							4
	ラオス									0
	アフガニスタン	2				4				6
	小計	19	2	0	0	4	0	3	0	28
移民	ブラジル	2		1		8	9			20
	ペルー			1		8	3		1	13
	パラグアイ					5				5
	その他									0
	小計	2	0	2	0	21	12	0	1	38
その他の外国人	中国	86	14	13	5	69	23	4	16	230
	韓国	13	7	2	15	33	5	8	7	90
	ベトナム		7			58		4		69
	フィリピン	18	7	2	1	22	5			55
	タイ	10				16	3			29
	台湾	7	3	4		4	4	1		23
	ブラジル		2			8	4			14
	ペルー	1				3	1			5

あとがき

一九九五年に城内《じょうない》（現・成良《せいりょう》）中学校琴城《きんじょう》分校の生徒の皆さんに出会ってからあっという間に一〇年の歳月が経ちました。何年か撮影を続けているうちに、次第に皆さんと親しくなっていきました。私の家の近くから通っている人、途中までが同じ人などなど。授業が終わるまで撮影していた時には、皆で私の車に乗っていっしょにわいわい言いながら帰ったこともあります。こんな時にはいろいろな話が聞けます。勉強のことや家族のこと、あるいは生徒さんの若い頃の話など。

体が不自由になり、日本では身寄りがなく、韓国の甥の元に行った金甲順《キムカプスン》さんもそんな一人でした。甲順さんの息子は日本で医学部を卒業したのですが、六〇年代の帰国運動の時、北朝鮮に帰りました。それから数年後に亡くなったと、甲順さんは悲しんでいました。甲順さんが家を引き払って韓国に帰る日、私は見送りに行きました。ご主人の遺影を抱き、関西空港に向かう甲順さんを、「長生きしてね」と、姿が見えなくなるまでシャッターを切ったものです。

遠足、運動会、近畿夜間中学連合生徒会総会、新入生歓迎会、連合作品展……、夜間中学の大きな行事は日曜日に行なわれるのですが、これらの日は決まって阪神尼崎駅に集合することになっています。集まる場所は駅の北側、噴水前。私は早く行ってみんなの集まる様子を撮影しようと思うのですが、乗り慣れない電車とバスを乗り継いで行くと、いつも時間ぎりぎりになってしまいます。それでも、バスを降りたらすぐにカメラを構えます。誰かがすぐに「写真屋さん、今日も来たの」と声をかけてくれます。

遠足と運動会には、この一〇年間ほとんど欠かさず参加することができました。はじめのうちは、駅のコンビニで自分の弁当を買っていました。しかし、いつも誰かが美味しい弁当を出して食べるように誘ってくれ、自分で買った弁当を食べたことはありませんでした。そのうち厚かましくなり、弁当を買わず、生徒さんの弁当をいっしょに食べさせてもらうようになりました。ビールに韓国、沖縄、中国料理。あちこちから「ここに来て、座って食べろ」と声がかかります。美味しいので、いつもたくさん食べます。そうしているうちに撮影する時間がなくなり、「しまった！」と思うことがたびたびでした。

行事が終わって帰る時には生徒さんとお茶を飲みに行き、いろいろ話を聞かせてもらいました。数年前から、生徒さんの人生も記録しようと思うようになり、機会あるごとに聞いた話をメモするようにしました。さらに、生活と仕事も撮ろうと思い、職場や家にお邪魔しました。学校以外のところで話を聞かせていただいたり、親しく付き合っていただいたおかげで、学校外でも多くの生徒さんの撮影ができました。

この一〇年、夜間中学で生徒さんたちの姿に接し、私が改めて感じさせられたのは「文字を学ぶ」ことの意味についてでした。文字は人類が築いてきた文化です。文字なしでその時代の文化に接することはできません。文字を知ることで人の歴史を知り、文字を使うことで意思や情報を伝えます。文字を使うことで、人は人間としての生活が可能になるのです。今日、文字を通して情報を得ることなしに、どのような生活が可能でしょうか。それだけに、生徒さんが文字を学ぶ喜びははかりしれないほど大きいのです。溝畑悦子《みぞはたえつこ》さんは、

《学校に来る前は字を見ないようにしておりました。なんと言うても、読めないんで今でも文字を見ない方が多いんですが、たまに目を通すと読めるのでうれしく思います。》

また、安部和子《あべかずこ》さんは、

《六三歳になって学校に来ました。そのわけは戦争があったからです。その時私は八歳でした。それは恐ろしい経験でした。空は暗くなり、風は強く火の粉で前は見えません。それは恐ろしい出来事を子供のときに経験しました。そして戦争が終わり、その後病気で父親が亡くなり、兄弟六人大きくするのに母親は大変でした。そのため学校に行けません。学校に行っている人がうらやましいでした。私もやっと琴城分校で勉強ができるようになりました。漢字や算数を習っています。学校で楽しく勉強を教えてもらっています。》

と、綴っています。夜間中学で文字を学ぶということは、人間性を回復するということでもあるのです。五〇年、六〇年の長きにわたる辛酸《しんさん》の根っこを掘り返し、遅すぎではありますが、喜びの種を植えることなのです。

労苦を乗り越えてたくましく生きてきた人たちの温もりや器の大きさに触れながら、一〇年間、写真を撮らせていただきました。教える先生方も中国語やハングルの辞書を引きながら対応することもしばしばで、そのご苦労は端《はた》から見ていても並大抵のものではありません。授業の邪魔にならないはずはないと気を遣《つか》いつつも、生徒さんたちの明るい笑いに魅せられ、撮影を続けてき

ました。
この写真集を手にとってくださった皆さんには、ごく近いところにこんな世界があったのだと感じていただければ幸いです。
生徒の皆さん、教職員の皆さんには本当にお世話になりました。ありがとうございます。
お世話になった教職員の皆さん。(敬称を略させていただきました)
赤木靖彦、足立喜代枝、安藤幸勝、池宮城安子、石打謹也、岩立哲治、岩間京子、臼杵今日子、榎本正子、金田淳嘉、上和田忠、菊永郁子、近藤偉一郎、笹間俊明、佐藤健二、佐藤裕子、里見一郎、大龍昭順、田野香代、中岡浩、橋本文雄、濱口実、福島正廣、福村秀夫、藤枝公美、藤本善幸、古川尋、前田耕一、増田博恭、三芳英教、森尾寿真、山崎猛
また、写真の指導と本書編集と印刷の面倒を見てくださった写真家の橋本紘二さん、私のこみいった文章を読んで整理してくださった大宅尚美さん、そして出版を快諾してくださった高文研の梅田正己さん、金子さとみさんに厚くお礼申し上げます。

二〇〇五年六月

宗景正

宗景　正（むねかげ・ただし）
1947年岡山県生まれ。岡山県立高松農業高校卒業後、塩野義製薬(株)に入社。入社後写真に興味を持ち、モノクロでの撮影を始めるが中断。1990年写真撮影を再開。1995年夜間中学の撮影を開始。1999年個展「WORKING WOMEN」。1999年～2004年日本リアリズム写真集団公募展「視点展」に連続して夜間中学の作品を発表。2003年二人展「Scotland古城を巡る旅」、2004年フォトジャーナル『DAYS JAPAN』に「夜間中学からの再出発」を発表。現在、塩野義製薬(株)新薬研究所勤務。日本リアリズム写真集団会員。

夜間中学の在日外国人

●二〇〇五年　七　月一〇日――――第一刷発行

著　者／宗景　正

発行所／株式会社 高文研
東京都千代田区猿楽町二―一―八
三恵ビル（〒一〇一＝〇〇六四）
電話　03＝3295＝3415
振替　00160＝6＝18956
http://www.koubunken.co.jp

本文組版／WebD（ウェブディー）

印刷・製本／精文堂印刷株式会社

★万一、乱丁・落丁があったときは、送料当方負担でお取りかえいたします。

ISBN4-87498-346-4　C0037

高文研のフォト・ドキュメント

イラク湾岸戦争の子どもたち
✶劣化ウラン弾は何をもたらしたか
森住 卓 写真・文
湾岸戦争で米軍が投下した劣化ウラン弾の放射能により激増した白血病や癌に苦しむ子どもたちの実態を、写真と文章で伝える！
●168頁 ■2,000円

中国人強制連行の生き証人たち
鈴木賢士 写真・文
太平洋戦争期、中国から日本の鉱山や工場に連行された中国人は四万人、うち七千人が死んだ。その苛酷な強制労働の実態を、中国・華北の地に訪ねた生き証人の姿と声が伝える。
●160頁 ■1,800円

これが沖縄の米軍だ
✶基地の島に生きる人々
国吉和夫・石川真生・長元朝浩
沖縄の米軍を追い続けてきた二人の写真家と一人の新聞記者が、基地・沖縄の厳しく複雑な現実をカメラとペンで伝える。
●221頁 ■2,000円

沖縄海は泣いている
✶「赤土汚染」とサンゴの海
吉嶺全二 写真・文
沖縄の海に潜って四〇年のダイバーが、長年の海中〝定点観測〟をもとに、サンゴの海壊滅の実態と原因を明らかにする。
●128頁 ■2,800円

沖縄やんばる亜熱帯の森
✶この世界の宝をこわすな
平良克之 写真／伊藤嘉昭 生物解説
ヤンバルクイナやノグチゲラが危ない！ 沖縄本島やんばるの自然破壊の実情と貴重な生物の実態を、写真と解説で伝える。
●128頁 ■2,800円

セミパラチンスク
✶草原の民・核汚染の50年
森住 卓 写真・文
一九四九年より四〇年間に四六七回もの核実験が行われた旧ソ連セミパラチンスクに残された恐るべき放射能汚染の実態！
●168頁 ■2,000円

韓国のヒロシマ
✶韓国に生きる被爆者は、いま
鈴木賢士 写真・文
広島・長崎で被爆し、今も韓国に生きる韓国人被爆者は約一万人。苦難の道のりを歩んできた韓国人被爆者の姿に迫る！
●160頁 ■1,800円

六ヶ所村
✶核燃基地のある村と人々
島田 恵 写真・文
ウラン濃縮工場、放射性廃棄物施設、使用済み核燃料再処理工場と、原子力政策の標的となった六ヶ所村の15年を記録した労作！
●168頁 ■2,000円

反戦と非暴力 阿波根昌鴻の闘い
伊江島反戦平和資料館「ヌチドゥタカラの家」写真
亀井 淳 文
沖縄現代史に屹立する伊江島土地闘争！〝反戦の巨人〟阿波根昌鴻さんの闘いを、独特の語りと記録写真により再現する。
●124頁 ■1,300円

沖縄海上ヘリ基地
✶拒否と誘致に揺れる町
石川真生 写真・文
突然のヘリ基地建設案を、過疎の町の人々はどう受けとめ、悩み、行動したか。現地に移り住んで記録した人間たちのドラマ！
●235頁 ■2,000円

★サイズは全てA5判。表示価格は本体価格です（このほかに別途、消費税が加算されます）。